JN064400

ジャッキー・チェン 成龍伝説

ジャッキープロジェクトチーム 編

70 years old Anniversary Book

ART NEXT

Contents

第1章
「ライド・オン」大特集 ---------- 3
2024年5月31日公開「ライド・オン」を徹底解説

第2章
レジェンド・オブ・ジャッキー ---------- 11
ジャッキーアクションの原点とその系譜を探究

第3章
チラシ大全 ---------- 21
日本初上陸作品「ドランクモンキー酔拳」から
最新作「ライド・オン」までの全チラシをコレクション

第4章
ジャッキー・チェン大年表 ---------- 97
ジャッキー70年の歴史を年表形式で追う

今日は何の日?
エブリデイ、エブリジャッキー
毎日がジャッキー記念日 ---------- 111

第5章
みんなで歌おうジャッキー・チェン ---------- 115
皆が口ずさんだ人気曲の歌詞と楽譜を掲載

第1章
「ライド・オン」

これが人生の集大成

大特集

ジャッキー・チェン50周年記念アクション超大作
昭和・平成・令和を駆け抜けた世界のアクションレジェンド、
究極の集大成、ここに誕生。

RIDE ON
ライド・オン

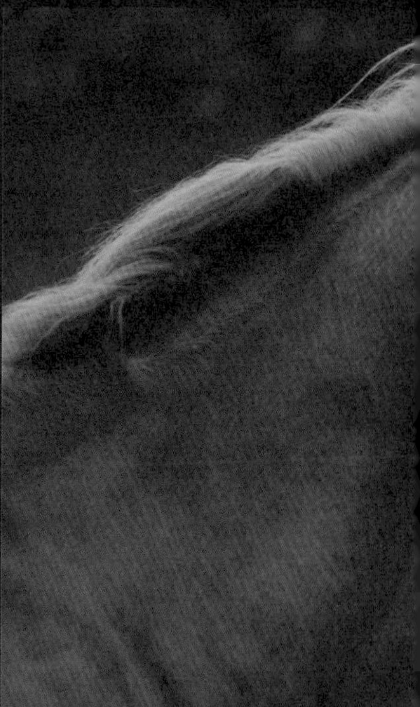

STORY 1

香港映画界伝説のスタントマンと言われたルオ・ジーロン（ジャッキー・チェン）はケガをきっかけに第一線を退き、現在は借金取りに追われながら中国の撮影所に住み込み、愛馬·チートゥとエキストラなどの地味な仕事をこなす日々を送っていた。ある日、チートゥの元持ち主であった友人ワン（レイ・ロイ）の債務トラブルが原因で、チートゥが競売にかけられる危機に。 困ったルオは疎遠になっていた一人娘のシャオバオ（リウ・ハオツン）を頼ることにする。久しぶりにシャオバオに会いに行くルオだったが、シャオバオは、スタントに入れ込むあまり母と離婚した父を受け入れられず…。

STORY 2

法学部の学生であるシャオバオは、恋人の新米弁護士ナイホア（グオ・チーリン）を紹介する。シャオバオは、チートゥを介し、少しずつ父と打ち解けていく。そんな中、華麗なスタントをこなすチートゥに惚れ込んだ大企業の総裁で馬好きのホー（ユー・ロングァン）が、チートゥを買い取りたいと申し出るがルオは請け合わない。 昔ながらの体を張った危険なスタントに固執する姿に反発したシャオバオとも溝ができてしまう。そんな折、後輩の大スター、ユェン・ウェイ（ウー・ジン）から映画出演の誘いが。しかし、不甲斐ない結果に。さらには裁判で負け、チートゥをホーに譲ることになったルオ。シャオバオは、仕事にも家族にも命をかけることでしか愛を伝えられない不器用な父のために愛馬を返してほしいとホーに懇願するが…。

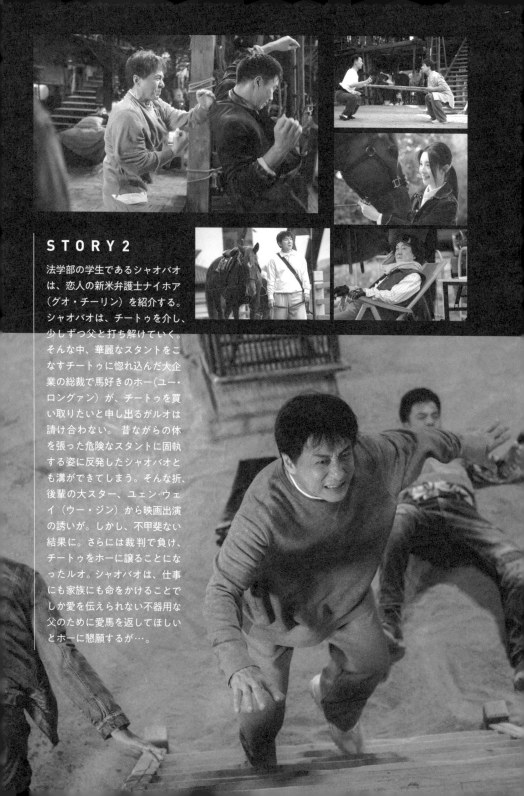

「ライド・オン」に登場する旧作名場面メドレー

（写真はすべて「ライド・オン」からのフッテージによる）

プロジェクトA

銃の密売組織と出くわし、追いかけられるドラゴン。あの手この手で逃げるが時計台に追い詰められ10m強の高さから落下。

プロジェクトA2／史上最大の標的

悪徳警察署長のチャン。ドラゴンはチャンを倒そうとするが逆にチャンから顔面にフルキックをもろにくらってしまう。

サンダーアーム／龍兄虎弟

世界を支配しようと企む邪教集団と冒険家・アジアの鷹ことジャッキーとの死闘を描く。断崖から身一つで飛び降り気球の上に着地する。

プロジェクト・イーグル

ジャッキーの新しい仕事はサハラ砂漠に隠されたヒトラーの金塊を探し出すこと。障害物をギリギリかわす。一歩間違えればギロチン状態。

ポリス・ストーリー／香港国際警察

香港最大の麻薬組織のボス・チュウを追うチェン・カークイ刑事。チュウの乗る2階建てバスに傘を引っかけしがみつく。

ポリス・ストーリー 2 九龍の眼

爆弾テロを楯にする凶悪犯。チェンは恋人のメイを人質に取られ、彼女を救出するためバスの屋根からガラスの看板へ飛び込む。

ポリス・ストーリー 3

東南アジアの麻薬シンジゲートを牛耳るマフィア、チャイバ逮捕のため、ヘリのハシゴにしがみつき汽車をかわし、大格闘。

五福星

警官7086号はローラースケートの競技大会の出場中に、事件に出くわし犯人を追う。走るトレーラーの下をくぐり抜けて追跡。

名シーンの数々に
胸を熱くせずにはいられない……

ファイナル・プロジェクト

核爆弾の密輸を企むツイの取引現場に出くわしスノーボードで滑降し追手から逃げる。断崖絶壁、迫り来るヘリに飛び移る。

酔拳2

中国の国宝を国外へ密輸する英国領事の悪事を阻止するためフェイフォンが立ち上がる。宿敵に蹴られ火の海へ。

WHO AM I?

特殊部隊の隊員523号。作戦中に遭難し記憶喪失に。なぜか追われる身となり、ビルの屋上に追い詰められ壁を滑り降りる。

デッドヒート

カーレーサーのジャッキー。事件に巻き込まれ練習に身が入らない。ハンドル操作を誤り横転。車の中から火をまといながら脱出する。

奇蹟／ミラクル

コウは貧しい花売りの老婆から一輪の花を買い人生が一変。ギャングのボスに収まるが敵対勢力と大乱闘。人力車を使って立ち回り。

ツイン・ドラゴン

双子の兄（指揮者）と弟（カーレーサー）。マフィアの騒動に巻き込まれ…。突っ込んできた車の屋根を走りかわす。

ナイスガイ

料理番組の人気シェフがひょんなことからギャングに追われるハメに。轢かれそうになりながら車の車輪を蹴って逃げる。

レッド・ブロンクス

叔父の経営するスーパーでは毎日暴走族から嫌がらせが。クーンは立ち向かうがビルの屋上に追い詰められ反対側のビルへ飛んだ。

CAST

ルオ・ジーロン（羅智龍）
ジャッキー・チェン
■石丸博也

シャオバオ（小宝）
リウ・ハオツン
■水瀬いのり

ルー・ナイホァ（盧乃華）
グオ・チーリン
■沢城千春

ホー総裁（何欣）
ユー・ロングァン
■小山力也

ダミー（大米）
アンディ・オン
■伊藤健太郎

ユェン・ウェイ（元威）
ウー・ジン
■野島裕史

インズ（桜子）
ジョイ・ヨン
■折井あゆみ

シアマオ（蝦毛）
ユー・アイレイ
■早川 毅

デビッド（大偉）
シー・シンユー
■山口 恵

ワン社長（王老板）
レイ・ロイ

STAFF

監督・脚本／ラリー・ヤン
原題／RIDE ON―龍馬精神―
制作国／中国
製作／2023年
上映時間／126分

RIDE ON
ライド・オン

2024年
5月31日公開
日本語吹替版同時公開

まだまだ待機作続々……。

「THE LEGEND ／伝説」（「THE MYTH ／神話」の続編）
「パンダプラン」（別名「プロジェクトP」と呼ばれる。ジャッキーは本人役で出演）
「ベスト・キッド2」（本家ラルフ・マッチオと共演）
「ラッシュアワー4」（クリス・タッカーも健在）
「香港国際警察2／NEW POLICE STORY2」
（宿敵ジョー・クァンは生きていた！ ニコラス・ツェー監督）

©2023 BEIJING ALIBABA PICTURES CULTURE CO.,LTD., BEIJING HAIRUN PICRURES CO.,LTD.

第2章

みんな一度はジャッキーになりたいと思った……

レジェンド・オブ・ジャッキー

ジャッキーアクションの原点。それは往年の喜劇王たちにあった。そして、テレビでジャッキー映画を観た子供たちは、皆その日からジャッキー・チェンと化していた。ハリウッドスターたちもまた同様にジャッキーをリスペクトしている。

香港映画
ジャッキーアクションの系譜

1922年、香港初の映画製作会社が誕生し、28年、クンフー映画の原点である剣劇映画の第1作「紅蓮寺炎上」が制作され大ヒットした。30年代に入りサイレント映画からトーキー映画に移行すると製作本数が増した。しかし、31年の満州事変以降、状況は一変。さらに国民党による言語統一規制により、広東語映画の製作、上映が禁止され、北京語映画が製作されるようになった。しかし、広東語映画人はそれに反発するかのように粤劇映画（広東オペラ映画）や抗日映画を量産し続けた。49年、クワン・タッヒン（関徳興）主演の黄飛鴻（ウォン・フェイフォン）を主人公にした「黄飛鴻傳」が大ヒット。本作こそが「クンフー映画」の第1弾といわれている。そして、59年、ランラン・ショウ（邵逸夫）率いる「ショウ・ブラザーズ（邵氏兄弟香港有限公司）」設立。クンフー映画の黄金時代を迎えた。70年、レイモンド・チョウ（鄒文懐）率いる「ゴールデン・ハーベスト（嘉禾影片公司）」設立。同社は71

「死亡遊戯」より

ブルース・リー

李小龍

1940.11.27-
1973.7.20

年、ブルース・リーと1本につき1万米国ドルで2本の主演映画契約を結び、「ドラゴン危機一発」を製作。そして「ドラゴン怒りの鉄拳」「ドラゴンへの道」と主演作が作られた。そんなブルース・リー映画にエキストラとして出演していたのがジャッキー・チェンである。

7歳で中国戯劇学院に入学。芸名をユン・ラウ（元樓）と名乗っていた。学院にはサモ・ハン（当時の芸名は元龍〈ユン・ロン〉）、ユン・ワー（元華）、ユン・クワイ（元奎）、ユン・モウ（元武）、ユン・タイ（元泰）、ユン・ピョウ（元彪）がおり、七小福という京劇子役エリート集団の一員として活躍、中国武術を学び映画出演もした。約10年間、学院で学び、卒業すると芸名をチャン・ユンロン（陳元龍）として映画のエキストラやスタントマンを務めた。72年「ドラゴン怒りの鉄拳」では門下生の中のエキストラや、ラストで橋本力演じる鈴木がブルース・リー演じる陳真の飛び蹴りを受けて障子を突き破るシーンのスタントマンを務めた。さらに73年「燃えよドラゴン」ではブルース・リー演じるリーに地下基地で首を折られ、別カットでは長棍で顔を攻撃される衛兵役、最後にヌンチャクで殴られプールに落ちる役として出演した。同じ頃「ファイティング・マスター」で準主役級の役どころを演じ、「ドラゴンファイター」で初武術指導、19歳で「燃えよジャッキー拳」で主演を務めたが、あまりぱっとせず、仕事のため転居したオーストラリアの両親のもとに行き、しばらくは左官やコックなどの職に就いていた。

しかし、ほどなくして香港へ戻り、「ジャッキー・チェンの秘龍拳／少林門」などに出演。この頃、長きにわたりビジネスパートナーとなる親友ウィリー・チャンと出会っている。彼の誘いでブルース・リー映画を多く監督したロー・ウェイのプロダクションと専属契約。芸名を「陳元龍」から「成龍」と改名し、76年「レッド・ドラゴン 新・怒りの鉄拳」で再デビューを果たした。当時のジャッキーは73年に亡くなったブルース・リーの後継者として期待され、復讐劇でのシリアスな役を演じることを強いられたが成功することはなかった。しかし、転機が訪れる。新興のシーゾナルフィルム（思遠影業有限公司）の名プロデューサーで若手起用に定評のあるウー・シーユエン（呉思遠）から声がかかり、2作品だけという約束のもと、ロー・ウェイのプロダクションから貸し出しの形で契約を結ぶ。78年に、「クンフー映画」の第1弾となった主人公と同じ黄飛鴻を演じた「ドランクモンキー酔拳」が大ヒットを記録する。独自の解釈で、酔拳を融合し、ジャッキーの持ち味であるコミカルな要素も取り入れ、魅力あふれるキャラクターとなった。

「ポリス・ストーリー香港国際警察」より

ジャッキー・チェン

成龍

1954.4.7生

ブルース・リーの後継者として合わない役ばかりをしていた、その反省を踏まえ製作陣に直訴し、ジャッキーらしさを生かしたことが功を奏した。これにより、成龍＝ジャッキー・チェンというクンフー映画のいち俳優だった男が、瞬く間にスターとなり香港映画界のトップに躍り出たのである。そして、この年の香港映画界の興行成績において「少林寺三十六房」「ブルース・リー／死亡遊戯」など並み居る香港勢の強敵を打ち負かし、さらにはあの「スター・ウォーズ」までをも抜き去って堂々の第2位（第1位は「Mr.BOO！インベーダー作戦」）、歴代興行成績でも第

3位に君臨するほどの大ヒットとなった。「クレージー・モンキー／笑拳」では監督業にも進出。ゴールデン・ハーベスト社に移籍し、79年「ヤング・マスター／師弟出馬」では監督・脚本・主演・武術指導・主題歌と1人5役をこなし、見事その年の年間1位の大ヒットを記録した。80年には「バトルクリーク・ブロー」「キャノンボール」とハリウッド進出をするが、これが振るわず香港へ戻り脱カンフー宣言をし、実に2年という歳月をかけ83年「プロジェクトA」を完成、85年「ポリス・ストーリー／香港国際警察」と大ヒット作を連発。香港映画界を代表するアジアのトップスターとなった。

そして、時代は監督のツイ・ハークらに代表される香港ニューウェーヴ期に突入する。86年に公開された「男たちの挽歌」（ジョン・ウー（呉宇森）監督、ツイ・ハーク（徐克）製作）の大ヒットにより〝香港ノワール〟というジャンルが確立されると現代アクション映画へと推移し、クンフー時代劇映画はほとんど作られなくなる。その頃からジャッキーの行動パターンが変わる。それまで必ず年に1作品以上は公開作を発表していたが、90年は公開作がない。この年「プロジェクト・イーグル」の撮影のためフランス、スペイン、モロッコ、香港と駆けずり回っていたからである。ようやく翌91年2月7日には香港で公開したが、この作品で監督業を止めてしまう。それから、さまざまな監督と組み「炎の大捜査線」（91）、「ツイン・ドラゴン」「ポリス・ストーリー3」（共に92）、「シティーハンター」「新ポリス・ストーリー」（共に93）と以前のようにハイペースで出演をしていくが、以前のような大ヒットを飛ばす作品には恵まれなかった。一方で同じ頃ジェット・リー（李連杰）主演、ツイ・ハーク監督の「ワンス・アポン・ア・タイム・イン・チャイナ」シリーズ「Ⅰ／天地黎明」（91）、「Ⅱ／天地大乱」（92）、「Ⅲ／天地争覇」（93）が大ヒットを記録。再びクンフー時代劇ブームが到来する。そして、この映画の主人公は奇しくも黄飛鴻であった。

そこでジャッキーは94年「酔拳2」を製作。自分の原点である黄飛鴻を再び演じ、それまでの歴代ジャッキー映画として最高の興行成績を樹立した。そして低迷期を脱却。何度もハリウッド進出するも振るわなかったジャッキーだが95年香港映画である「レッド・ブロンクス」が全米興行収入初登場1位を獲得。ブルース・リーもなしえなかったアジア映画初の快挙を成し遂げた。これをきっかけに全米でジャッキーの過去作等が盛んに上映されるようになる。その英語版は自分で吹替も行った。ハリウッドへの足掛かりができたジャッキーは98年アメリカ映画である「ラッシュアワー」に主演。これが全米1位の大ヒット。ついにハリウッドスターとしての地位をも築き、2001年、続編の「ラッシュアワー2」は全世界の興行成績で大ヒットを記録した。04年に自らの映画製作会社JCE（ジャッキー・チェン・エンペラー）ムービーズを設立し、第1回作品として「香港国際警察／NEW POLICE STORY」を製作・主演。以後、香港・中国映画とアメリカ映画に並行して出演するようになる。16年にはアカデミー賞名誉賞を受賞した。70歳になったいまも撮影待機作が多数控え、精力的に活躍中である。

「男たちの挽歌」より

チョウ・ユンファ
周潤發
1955.5.18生

「ワンス・アポン・ア・タイム・イン・チャイナ／天地大乱」より

ジェット・リー
李連杰
1963.4.26生

1893.4.20. - 1971.3.8

ハロルド・ロイド

Harold Clayton Lloyd, Sr.

カンカン帽にセルロイドの丸ぶち眼鏡がスタイル。この丸ぶち眼鏡がロイド眼鏡と呼ばれているのは彼にちなんでである。しかし、当時、映画で眼鏡をかけることは反射などの関係で御法度だったためレンズは入っていない。「ロイドの化物退治」撮影中、小道具の爆発事故により右手の親指と人差し指をなくし、それ以降は義指を着用している。「プロジェクトA」の名シーンの元となった「要心無用」の時計台シーンでも義指をつけての演技であった。

「ロイドの要心無用／Safety Last!」（1923年）73分

ハロルドは恋人ミルドレッドと離れて大都会で立身出世を目指す。見栄を張り高価なプレゼントを送り続けると、ミルドレッドはハロルドが成功したと思い、会いに行くことを決める…。

プロジェクトA

有名すぎる名シーン。10メートル強の高さの時計台にぶら下がり、この後落下する。のちに「バック・トゥ・ザ・フューチャー」「オスカー」「ヒューゴの不思議な発明」などの映画でも模倣された。

「猛進ロイド／Girl Shy」（1924年）89分

叔父の仕立て屋で見習い人として働くロイドは女性が苦手。苦手意識克服のため秘密の研究を基に「恋愛の秘訣」なる恋愛指南本を書き上げる。それを持って都会の出版社へ向かうが…。

ポリス・ストーリー／香港国際警察

傘を走行するバスに引っかけしがみつく。

世界の三大喜劇王

ジャッキーはブルース・リーの後継者として売り出されるも、持ち味を出せずにあまり人気が出なかった。そこで、製作陣に直訴。自分らしさであるコミカル要素を取り入れ人気を博した。そこには、世界の三大喜劇王からの影響が多分に感じられる。ジャッキー映画には彼らにオマージュを捧げたシーンが満載だ。

1895.10.4. - 1966.2.8.

バスター・キートン

Buster Keaton

チャールズ・チャップリン

Sir Charles Spencer Chaplin

山高帽に大きなドタ靴、ちょび髭にステッキがスタイル。小さな放浪者という役を基本としているが、ホームレスでありながらも常にモーニング姿に蝶ネクタイで正装をしているというのが特徴。心は清いということの表れである。ジャッキーの芝居はチャップリンに影響されたと思われる仕草が随所に見られる。また、チャップリンは自ら製作・監督・脚本・音楽まで、一人で何役もこなすことが多かった。この辺りも影響を受けていると思われる。

「チャップリンの冒険／ The Adventuer」（1917年）25分

チャップリン演じる脱獄囚が刑務所から逃亡。崖を勢いよく駆け上がり海中へと飛び込むと、溺れかけている女性・エドナに遭遇。命を救い彼女の家に歓待される。だが、家には彼の顔写真が載っている新聞があり･･･。

プロジェクトA

警官隊に追われ、壁のような石山をかけ上がる。

「モダン・タイムス／ Modern Times」（1936年）87分

巨大製鉄工場で働く男。彼の仕事はベルトコンベヤーを流れる部品のナットをスパナで締めること。単純作業ではあるが、そのすべては監視され、休まる暇もなかった。ある日、食事時間を節約するために作られた自動給食マシーンの実験台となり･･･。

プロジェクトA

手錠をされたまま
大時計の歯車に手を取られ
宙づりに。

芸名の由来は、階段から転落したときに平然としていたことから高名な手品師のハリー・フーディーニに「My, What a Buster!」と言われたからだという。芸名通り、体を張りながらも無表情で一途な役柄を特徴とした。「偉大なる無表情」「死人の無表情」「すっぱい顔」「凍り付いた顔」「悲劇的なマスク」などと呼ばれた。ジャッキーはキートン映画のアクションを一番多く模倣している。最も影響を受けた人物だと思われる。

「ファッティとキートンのコニー・アイランド（デブ君の浜遊び）／ Fatty at Coney Island」（1917年）26分

コニー・アイランドの海岸で恐妻とのデートに退屈したファッティ。砂浜に埋まって隠れ妻を撒いた。遊園地へ行くと、ある女性に一目惚れしてしまうファッティ。海水浴に誘い出すことに成功するが、ファッティに合うサイズの貸し水着がなく･･･。

新ポリス・ストーリー

キートンはバック宙だったが、
ジャッキーは前宙を披露。

「キートンの隣同士／Neighbors」（1920年）18分

キートン一家とヴァージニア一家のアパートは塀一枚の隣同士。バスターとヴァージニアは恋人同士だった。ところがふたりの親同士は仲が悪く、二人の仲にも大反対。バスターはそれに反発。なんとか彼女に逢うためにあの手この手を使うが･･･。

プロジェクト A

蹴り飛ばされて階段の手すりを滑り降りる。

「文化生活一週間（キートンのマイホーム）／One Week」（1920年）19分

新婚の夫婦がマイホームを建てるまでの一週間を描く。月曜日に結婚。火曜日に家を建て始める。水曜日にヘンテコリンな家ができあがる。木曜日にカーペットを貼り煙突も設置。13日の金曜日に家が完成。ところが突然の嵐で大混乱。土曜日に建てる土地を間違えたことが発覚。日曜日に家のお引っ越し。

プロジェクト A

宿敵ロウをキック。足をすくって倒す。

ハシゴを巧みに使い立ち回り。

プロジェクトA2／史上最大の標的

突っ込んできた車をギリギリかわし、車は電話ボックスをなぎ倒す。

ポリス・ストーリー／香港国際警察

「キートンのハイ・サイン／The High Sign」（1921年）21分

職探しをするバスター。新聞の募集広告を見て射撃場に。腕前はないがごまかし、就職に成功。ところが射撃場の主人は実は強盗団のボス。ボスから街の名士の暗殺を命じられるが、一方で当の名士からはボディガードを頼まれてしまい･･･。

奇蹟／ミラクル

ノールックで帽子を投げてハンガーへ。

「キートンの警官騒動／Cops」（1922年）18分

ある日、財布を拾う若者。悪気はないものの大金を盗んでしまい、さらには詐欺師に騙し盗られる。詐欺師のウソを信じた若者は、他人の引っ越し荷物を馬車で運搬。警官のパレードに紛れ込むとテロリストの爆弾が投げ込まれ爆発が起き犯人と間違えられ･･･。

プロジェクトA2／史上最大の標的

ハシゴを滑り台のように使ったアクション
同様のアクションは「ドラゴンロード」でも。

バスター・キートン

「成功成功（キートンの白昼夢）／Day Dreams」

（1922年）28分

男は恋人とその父親に都会で大物になって帰ってきたら結婚すると約束。しかし、職に就くも病院勤めといっても犬猫病院だったり、ウォール街勤めといってもただの掃除人だったりと成功とはほど遠いものだった･･･。

ポリス・ストーリー／香港国際警察

傘1本で走行するバスにしがみつく。

プロジェクトA2／史上最大の標的

水車を
駆け上り
敵から逃げる。

「キートンの空中結婚（キートンの昇天）／The Balloonatic」

（1923年）24分

ジェフレイとヴァージニアは結婚を約束した仲。しかし、彼女の姉のアンジェリカが結婚するまではそれも叶わない。そこでジェフレイはキートン演じるビラ配りのレジイをアンジェリカとくっつけようとするのだが･･･。

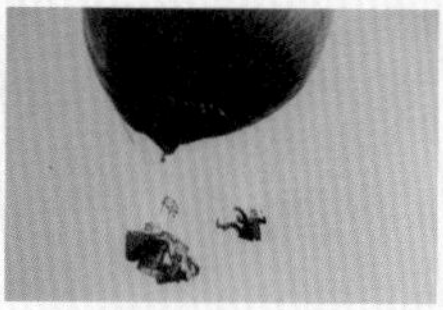

サンダーアーム／龍兄虎弟

パラシュートなしで断崖絶壁から飛び降り
気球に着地。

「滑稽恋愛三代記」（キートンの恋愛三代記）／The Three Ages」

（1923年）63分

石器時代、ローマ時代、現代と3話構成からなる恋物語。石器時代に男は力ずくで娘の髪の毛を引っ張って思いを遂げた。ローマ時代には戦車競争で勝利を得た。現代ではフットボールの競技に勝利した。恋はいつも滑稽である。

プロテクター

船から船へひとっ飛び。

プロジェクトA

時計台から落ち
日よけを
クッションに使う。
（日よけが
縞模様なのまで
同じ）

「キートンの探偵学入門（忍術キートン）／Sherlock, Jr.」（1924年）45分

主人公バスターは探偵に憧れる映写技師。ある日、居眠りをしているとバスターの魂はスクリーンの中に入り、探偵シャーロックJr.として事件の解決に乗り出すのだった。ウディ・アレン監督「カイロの紫のバラ」の元ネタにもなった。

列車の屋根で大格闘。

キートンはバイクだがジャッキーはリカンベントで

暴走する人力車に乗り大苦戦。

「キートンのセブン・チャンス（キートンの栃麺棒）／Seven Chances」（1925年）56分

祖父の遺言で27歳の誕生日の午後7時までに結婚すれば700万ドルの遺産が入るジミイ。友人が新聞に"結婚相手募集"の告知を出してしまったものだから何百人もの花嫁候補者が集合。追いかけられるハメに・・・。

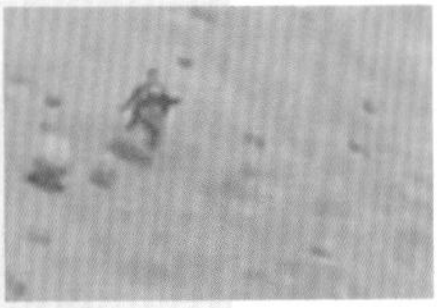

急坂をかけ降りる。

高所より木へ飛び移る
この一連のアクションで
木が折れて落下。
頭蓋骨骨折の
大ケガを負い、
この事故による後遺症で
左耳がほぼ聞こえない。

「キートンの西部成金（キートンのゴー・ウエスト）／Go West」（1925年）69分

貧乏生活を強いられている男。なけなしの金でNYに出たが人混みにはじき飛ばされ、西部行きを決意。フラリと立ち寄った牧場で牧童になるが、かわいい雌牛のメイベルに惚れてしまい・・・。

帽子を飛ばして華麗にキャッチ。
本作は帽子を使ったアクションが多い。

バスター・キートン

「キートンの大学生（キートンのカレッジライフ）／College」（1927年）66分

優等生のロナルドは勉強はできるが運動神経はゼロ。そのため女の子にモテない。しかし、憧れのメアリーを追って大学に入学。彼女の気を引こうと運動部に入って、さまざまなスポーツに挑戦するのだが・・・。

棒高跳びで塀を越える

「キートンのカメラマン／The Cameraman」（1928年）69分

キートン演じる街頭カメラマンはニュース映画社の受付で働くサリーと恋仲。彼女のすすめで動画カメラマンになる。ある日、モーターボートレースを撮りに行くとサリーが別の男とボートでデートしている所に遭遇してしまい・・・。

傘でガラスを突き刺す。

「キートンの蒸気船（キートンの船長）／Steamboat Bill Jr.」（1928年）72分

蒸気船ストーンウォール・ジャクソン号のオーナーの息子スチームボート（蒸気船）・ビル・ジュニア。ある日、巨大な暴風雨に見舞われ河川が大パニックに。ジュニアは父親と恋人メアリーを救い出すことができるのか。ミッキーマウスのデビュー作「蒸気船ウィリー」の元ネタ作品でもある。

巨大扇風機の強風を受けながら格闘。

倒れてくる
巨大看板の下敷きに。

番外編

「三銃士／The Three Musketeers」（1948年）125分

ジーン・ケリー主演。アレクサンドル・デュマの同名小説の映画化。17世紀フランス王国、ルイ13世の治世。志を抱いてパリへやってきたダルタニアン（ジーン・ケリー）は、王室銃士隊に入り、国王に仕える三銃士と呼ばれるアトス、アラミス、ポルトスと仲間になる。

シャンデリアを使ったアクション。セットの組み方も酷似。

そのスピリットはハリウッドスターへ――

そして多くのジャッキーチルドレンを生んだ。

トム・クルーズ

Tom Cruise

1962.7.3 生

プロデュースも兼ねた「ミッション・インポッシブル」を機にアクション映画への出演が増えた。車やバイクの運転技術はセミプロ級の腕前に達しており、飛行機についても免許を取得している。自家用機を所有するほどである。ジャッキーについては「ジャッキーを意識している、尊敬している」と公言。「ミッション：インポッシブル」シリーズでは随所に、そのオマージュ的シーンを披露している。

「M:i:III」（ミッション:インポッシブル3）（2006年）「WHO AM I？」のビル滑り降りをオマージュ。

「ミッション：インポッシブル/フォールアウト」（2018）「プロジェクト・イーグル」や「ポリス・ストーリー3」などからインスパイア。

「ミッション：インポッシブル/ゴースト・プロトコル」（2011年）「香港国際警察／NEW POLICE STORY」で同様の垂直降りシーンがある。

「ブレット・トレイン」（2022年）ブリーフケースを使ったアクションは「ポリス・ストーリー/香港国際警察」や「サイクロンZ」で登場。「ブレット・トレイン」では「ゴージャス」で登場したジャケットアクションも披露されている。

ブラッド・ピット

Brad Pitt

1963.12.18 生

高校時代にはレスリング、水泳、バスケットボール、ゴルフ、テニスのチームのメンバーだったという。「ブレット・トレイン」ではジャッキーアクションと思えるシーンが随所に登場。「撮影中、僕と監督はいつもジャッキー・チェンのことをたくさん話していました」と話し、デヴィッド・リーチ監督は「本作のアクション描写を構築するうえでジャッキー・チェンのようなフィジカル・コメディからインスピレーションを受けた」と語った。

ヴィン・ディーゼル

Vin Diesel

1967.7.18 生

182cmという恵まれた体格は、まさにアクションにはうってつけ。2000年代以降のハリウッドを代表するアクションスターとなった。ジャッキーが19年英国アカデミーのブリタニア賞の「アルバート・R・ブロッコリ賞」を受賞した際、プレゼンターとして登場し、同賞を贈った。そして、「今日の自分があるのはジャッキーが不屈の努力を示してくれたからだ」と感謝の念を述べた。

「トリプルX」（2002年）スノーボードによるチェイスシーンは「ファイナル・プロジェクト」で繰り広げられている。

他にも多くのスターたちがジャッキーをリスペクトしている。

第3章

チラシ大全

すべてはここから始まった。

日本初上陸作品『ドランクモンキー酔拳』から
2024年公開作品『ライド・オン』までの
45年間分の全チラシをコレクション

Jackie Chan
Movie Flyer
Collection

ドランクモンキー酔拳

1979年7月21日公開

酔って酔って凄くラクして強くなる酔八拳！

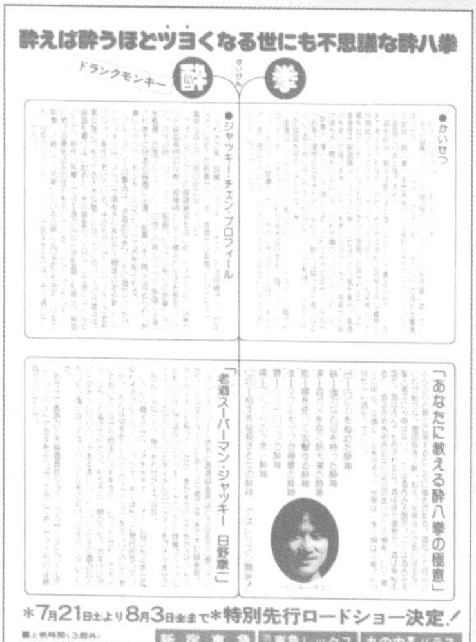

A

酔拳／
DRUNKEN MASTER

ドランクモンキー酔拳

B

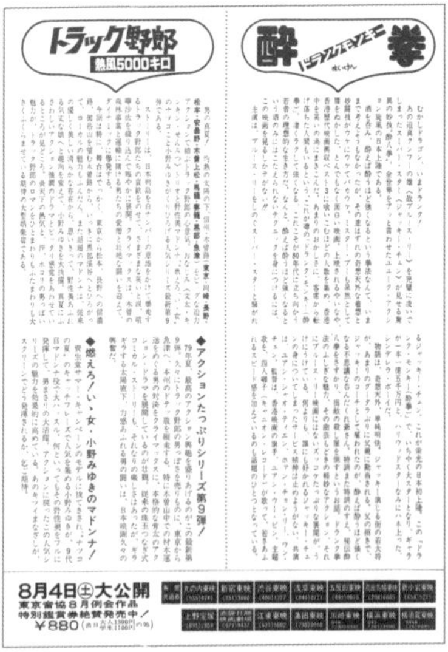

C

スネーキーモンキー蛇拳

1979年11月17日公開

お次の番だよ 酔八拳 当たれば怖い 天中殺
マムシ酒ならなお怖い！

蛇形刁手／
SNAKE IN THE EAGLE'S SHADOW

A

B

クレージー・モンキー／笑拳

1980年4月19日公開

史上ボウ然!? 世界一の珍V拳!

史上ボウ然!? 世界一の珍V拳!
笑い殺されぬようご用心!!

クレージー・モンキー 笑拳 CRAZY MONKEY

かいせつ

ブルース・リーの大ブーム以来、沈黙を守っていたかのように見えた香港カンフー映画――そこに新しいタイプのニュー・ヒーローが誕生した。80年代、世界は香港から変わる。すでに昨年夏「ドランク・モンキー 酔拳」で、彗星のように日本にも登場し、大ヒットを飛ばしたスーパー・ヒーロー、ジャッキー・チェンが、その人である。続いて昨年秋公開された「スネーキー・モンキー 蛇拳」も連続ヒットとなり、ジャッキーの人気は、その親しみやすいキャラクターで、日本へのデビュー半年目にもかかわらず、"ロードショー"誌の人気投票でも、あっという間に堂々第6位にランクされる勢いである。(2月号現在)

昨年末には、日本でもファンクラブが結成され、ジャッキーに一目会いたいと、香港ツアーまで組まれた。ジャッキー自身は自ら監督・主演した「師弟出馬」を完成したばかり。80年には「燃えよドラゴン」で、ブルース・リーを世界的なスターにした、ロバート・クローズ監督のメガフォンのもと、アメリカ映画「バトル・クリーク・ブロー(中国題名・殺人壇)」続いて「龍拳」の準備にも入った。いわば、日本のみならず世界中から引っ張りだこの人気者となったわけで、ジャッキーの過熱人気のすさまじさが、想像されるだろう。この「クレージー・モンキー 笑拳」は、主演もかねた初の監督作品であり、ジャッキーの測り知れない才能が本格的なものであることを実証した。

さて、1作目は酔っぱらいの型、2作目は蛇と猫の型が、大好評を博したが、3作目は文字通り、笑いの波状攻撃で悪党どもの相手をする。人間の喜怒哀楽の感情を基にした、無敵の拳法が"笑拳"であり、元祖ズッコケ・モンキーの名に恥じぬ素晴しい至芸を見せてくれる。アイデアの数々に、さらに磨きをかけて、他ならぬ自分自身の演出だから、迫力も倍増しようというもの。

ものがたりは、主人公のジャッキーが、カラテの達人であり、師でもある爺さんに、かくれて、さびれたカラテ道場の用心棒になる。そこで、ピンク・パンサーも顔色なしのタルゾー型カンフーから、おすぎとピーコもマッツァオのオカマ拳法まで、腕によりをかけて、道場破りを倒していったから、人気は上々。道場は盛り返し、病身の爺さんの薬代も稼げたが、その爺さんは、ときの悪逆な政府に命を狙われる人物だった。非情な殺し屋に、爺さんを殺され、仇討を誓ったジャッキーは、ついに必殺技"笑拳"をあみだした!

世界にはばたく、ジャッキー・チェン旋風。スーパー・スターの座を、名実ともに確定的にした、この一篇は、歴代香港映画の中でも、堂々興収第8位を記録して、いよいよ、陽春、日本に上陸!

人気絶頂!ジャッキーに20の質問

1. 大きな動物で好きなものは?――虎、豹。
2. 小さな動物で好きなものは?――かまきり。
3. 好きな数字は?――7。
4. 好きな時間は?――眠っている時。
5. 嫌いな食物は?――なまこ。
6. 一番信頼している人は?――父母。
7. 好きだった学科目は?――体育。
8. 嫌いだった学科目は?――[illegible]。
9. 初恋の年は?――16。
10. 趣味は?――切手収集。
11. 一番苦手なことは?――女の子が泣くこと。
12. 好きなスポーツは?――ボウリング。
13. 好きな英語は?――WAIT MINUTE。
14. 好きな漢字は?――龍。
15. 好きな言語は?――広東語。
16. 今まで貰った最高のファンレターは?――4箱(原型は不明)。
17. 今までに最長の睡眠時間は?――2日2晩。
18. 好きな花は?――きれいな花は、みんな好き。
19. 一番傷ついた時は?――親友を失った時。
20. 最大の望みは?――国際スターになること。

(この取材はフリーライター上土二郎氏が、香港にて79年夏行なったものです)

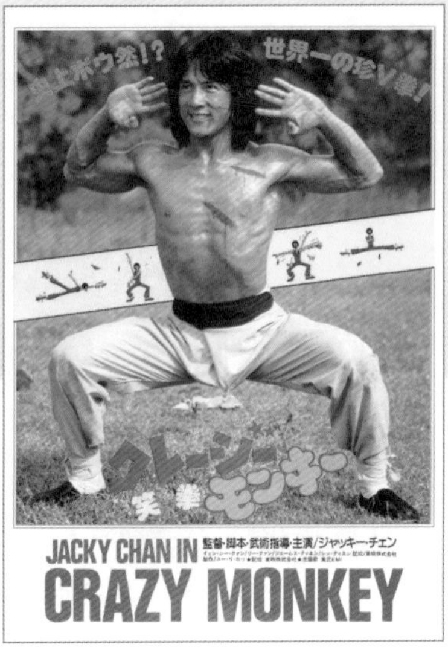

笑拳怪招／
THE FEARLESS HYENA

A

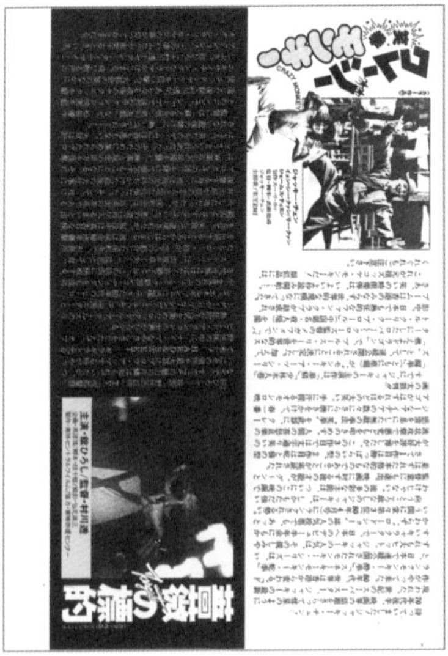

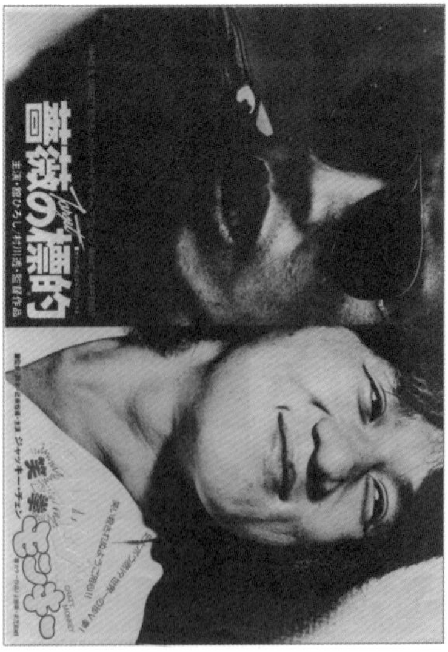

B

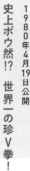

拳精

1980年6月14日公開

さらにはやく！　さらにはげしく!!
ジャッキー拳法ますますパワー・アップ!!

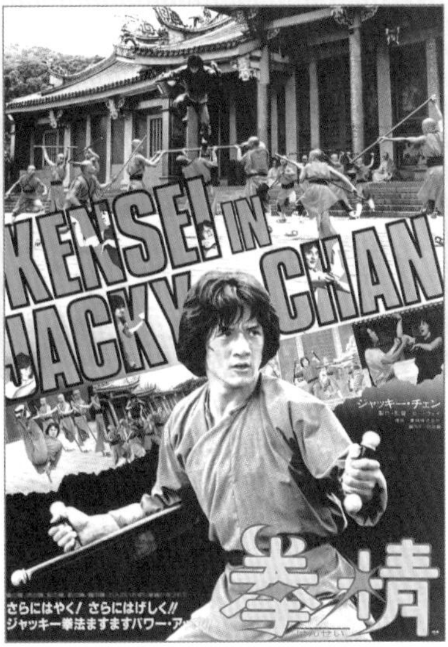

拳精／
SPIRITUAL KUNG-FU!

A

B

バトルクリーク・ブロー

1980年9月6日公開

ジャッキー・チェン第1回アメリカ映画主演作品

Battle Creek Brawl
Robert Clouse & Jackie Chan's Big Event in '80.
★80年最高のビッグ・イベント！
あの「燃えよドラゴン」の監督ロバート・クローズと制作のフレッド・ワイントローブが再び手を組んだ、80年最高のビッグ・イベントがやってきた。主演にはブルース・リーの後継者として人気抜群のジャッキー・チェンを起用。ここにハリウッドの総力を結集したジャッキー・チェン、第1回アメリカ映画主演作品が実現した。製作費18億、製作期間2年6ヶ月を費したスーパー・エンタテインメントが、いま全米を熱狂させている。
★〈ジャッキー〉&〈R・クローズ〉世紀のビッグ・ジョイント！
ついに国際スターとしての第1歩を踏み出したジャッキー・チェン。これまでのイメージを一新して、この大作にチャレンジしている。一方のロバート・クローズ監督も、ジャッキー・チェンの魅力をさらにブロー・アップした卓抜な演出を披露。「燃えよドラゴン」から5年――。アメリカから全世界に向けて、また〈ニュー・ヒーロー〉が飛び立った。共演には、アカデミー賞スターで「アラビアのロレンス」のホセ・フェラーをはじめ、可憐な魅力の新人クリスチーヌ・ド・ベル、ナイフの名手で「刑事コジャック」などのロン・マックスと豪華な顔ぶれだ。音楽にやはり「燃えよドラゴン」のラロ・シフリンが担当、ジャッキー・チェンをスーパー・スターとして送り出すにふさわしいスタッフ、キャストである。
★ニュー・イメージ！いま――スーパー・ヒーローの誕生！
より激しく、よりスケールの上回ったジャッキーの技。これまでの華麗さに加えて、さらにエネルギッシュでシャープな闘いが見ものだ。そして熱狂のローラー・スケート・レースでは、アクロバットの連続でジャッキーの新しい魅力も披露。ファンならずとも興奮をおさえることはできない。武術指導には、もちろんジャッキー自身が担当。ラストシーンでは強敵の白人プロファイター"キッス"との闘いの構想に、何と2ヶ月も費すなど、熱の入れようもこれまでとはケタ違いだ。
★世界中のプロ・ファイターがバトルクリークに結集！
テキサスの小さな町、バトルクリーク。ここでは世界中のプロ・ファイターたちが集まって死闘〈デス・マッチ〉をくりひろげる『バトルクリーク格闘技選手権』が行われる。レスラー、柔道の達人、酒場の用心棒、ボクサー、果ては殺し屋に至るまで、いずれを見ても凶暴な面がまえの連中ばかりだ。
★倒せるか！鋼鉄の巨人"キッス"！
ジャッキー扮するジェリーは、ブロンドの可愛い恋人ナンシーとともにバトルクリークへと乗り込む。ひとり――そしてまたひとり……。ジェリーは世界中の強豪を次々と倒していった。一方、多くのプロ・ファイターの息の根を止めてきた鋼鉄の巨人"キッス"。いま、熱狂する数千の観衆のなか、ジェリーと"キッス"の一騎打ちが刻一刻と迫っていた。この町に来たら、死か――栄光しかない。
バトルクリーク
ブロー

いま、アメリカから全世界へ――〈ニュー・ヒーロー〉の巨大な挑戦！
Robert Clouse & Jackie Chan's Big Event in '80.
バトルクリーク
ブロー
ジャッキー・チェン第1回アメリカ映画主演作品
Battle Creek Brawl
監督／脚本・ロバート・クローズ
9月上旬より★ビッグ★ロードショー！
日比谷映画 (591) 5353

殺手壕／
BATTLE CREEK BRAWL

A

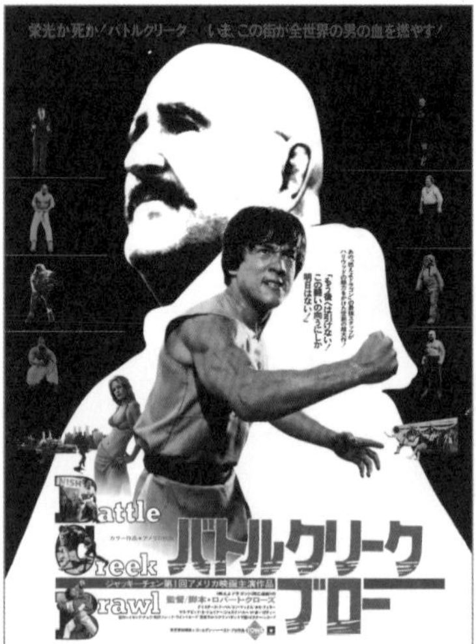
栄光か死か！バトルクリーク いま、この街が全世界の男の血を燃やす！
Battle Creek Brawl
バトルクリーク
ブロー
ジャッキー・チェン第1回アメリカ映画主演作品
監督／脚本 ロバート・クローズ

C

Battle Creek Brawl
巨大な標的に立ち向かう
バトルクリーク
ブロー
ジャッキー・チェン第1回アメリカ映画主演作品
監督・脚本★ロバート・クローズ
9月上旬より★ビッグ★ロードショー！
日比谷映画 (591) 5353

B

少林寺木人拳

1981年2月21日公開

最強のハード・ファイターへ羽ばたく烈拳！

少林寺木人巷／
SHAOLIN WOODEN MEN

A

B

ヤング・マスター／師弟出馬

1981年3月21日公開

痛快無比 凄絶至極！ 万人必見！ 熱烈上陸

空前の大ヒットを記録して遂に来た
ジャッキー・チェンの最新大作！
監督・脚本・武術指導・主演
一人四役の体当りで完成した
ビッグ・ムービー！
凄絶！
全編をつらぬく迫力！
アッ！と驚く
新考案㊙アクションを連発！
The Young Master
ヤング・マスター
★免許皆伝！白い大扇子を持って旅に出た！
“歌手”ジャッキー・チェンが誕生！
★次々と襲い来る危機また危機！

痛快無比 凄絶至極！
最新《成龍》世界超大作
万人必見！熱烈上陸
ジャッキー・チェン《成龍》監督・脚本・武術指導・主演
Jackie Chan in
The Young Master
師弟出馬
ヤング・マスター
3月21日《春休み》ロードショー
日比谷映画

師弟出馬／
THE YOUNG MASTER

キャノンボール

1981年12月19日公開

ロス⇕ニューヨーク大陸横断5000キロ！
いま世紀のビッグ・レースが始まった！

LA NY 5000 Km
NEW YORK
LOS ANGELES
キャノンボール
SPEED LIMIT 55
爆走するスーパー・カー！
最新メカ、スタントマンを総動員した迫力シーンの連続！
この興奮！この凄さ！
空前のアクション巨編に世界中が燃えた！
凄い話題を満載した
超ド級のエンタテインメント
これこそお正月映画の決定版！
ロス⇔ニューヨーク5000キロ！

ロス⇔ニューヨーク大陸横断5000キロ！いま世紀のビッグ・レースが始まった！
THE CANNONBALL RUN
キャノンボール

炮弾飛車／
THE CANNONBALL RUN

キャノンボール

超ド級の迫力!空前のスケールと大型アクションが'82年新春を占拠!
THE CANNONBALL RUN
12月19日(土)より'82・新春ロードショー!
キャノンボール
日比谷映画
SPEED LIMIT 55

'82新春最高の話題をのせて 12月19日 巨大な興奮が爆走する!
THE CANNONBALL RUN
キャノンボール
ロス ニューヨーク5000キロ!世界のスーパースターがいま世紀のビッグ・イベントに挑戦!

B

LA⇔NY 5000km
キャノンボール
エンドレス・ラブ

ロス⇔ニューヨーク5000キロ!世紀のビッグ・イベントが爆走する!
THE CANNONBALL RUN
キャノンボール
心ゆさぶる興奮と感動!'82年新春最高の2大作!
エンドレス・ラブ

C

JACKIE CHAN
MICHAEL HUI
IN
THE CANNONBALL RUN

D

BURT REYNOLDS
DOM DeLUISE
IN
THE CANNONBALL RUN

F

ADRIENNE BARBEAU
PETER FONDA
IN
THE CANNONBALL RUN

E

BURT REYNOLDS★ROGER MOORE
FARRAH FAWCETT★DOM DeLUISE
DEAN MARTIN★SAMMY DAVIS,JR.★JACK ELAM
"THE CANNONBALL RUN"
GOLDEN HARVEST PRESENTS AN ALBERT S. RUDDY PRODUCTION A HAL NEEDHAM FILM
Starring in Alphabetical Order
ADRIENNE BARBEAU★JACKIE CHAN★PETER FONDA★MICHAEL HUI
With TARA BUCKMAN
Executive Producer RAYMOND CHOW★Written by BROCK YATES
Produced by ALBERT S. RUDDY★Directed by HAL NEEDHAM
THE CANNONBALL RUN

G

SAMMY DAVIS, JR.
DEAN MARTIN
THE CANNONBALL RUN

H

'82新春最高の話題をのせて12月19日巨大な興奮が爆走する!
THE CANNONBALL RUN

I

FARRAH FAWCETT
ROGER MOORE
THE CANNONBALL RUN

J

THE CANNONBALL RUN

K

龍拳
1982年2月20日公開
到来実現《やってきました》・幻影傑作《じゃっきい・ちぇん》・悪玉撃退《てんかむてきの》・超速拳《すぴーど・ぱんち》。

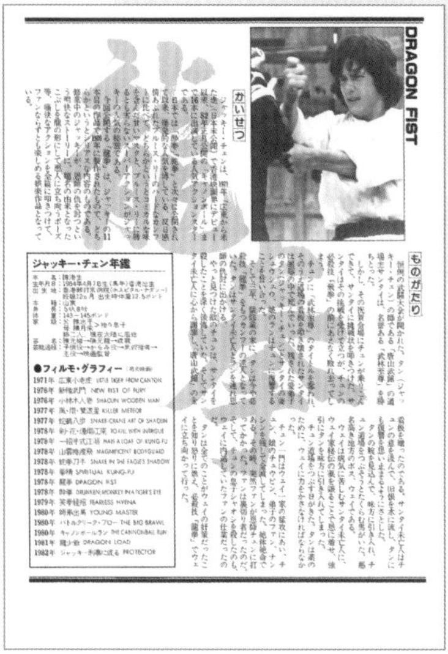
DRAGON FIST
かいせつ
ものがたり
ジャッキー・チェン年鑑
●フィルモ・グラフィー
1971年 広東小老虎 LITTLE TIGER FROM CANTON
1976年 新精武門 NEW FIST OF FURY
1976年 少林木人巷 SHAOLIN WOODEN MAN
1977年 風・雨・雙流星 KILLER METEOR
1977年 蛇鶴八歩 SNAKE-CRANE ART OF SHAOLIN
1978年 剣・花・煙雨江南 TO KILL WITH INTRIGUE
1978年 一招半式闖江湖 HALF A LOAF OF KUNG-FU
1978年 山雷雨渡風 MAGNIFICENT BODYGUARD
1978年 蛇形刁手 SNAKE IN THE EAGLE'S SHADOW
1978年 拳精 SPIRITUAL KUNG-FU
1978年 龍拳 DRAGON FIST
1978年 酔拳 DRUNKEN MONKEY IN A TIGER'S EYE
1979年 笑拳怪招 FEARLESS HYENA
1980年 師弟出馬 YOUNG MASTER
1980年 バトルクリーク・ブロー THE BIG BRAWL
1980年 キャノンボールラン THE CANNONBALL RUN
1981年 龍少爺 DRAGON LOAD
1982年 ジャッキー刑事に成る PROTECTOR

到来実現《やってきました》・幻影傑作《じゃっきい・ちぇん》・悪玉撃退《てんかむてきの》・超速拳《すぴーど・ぱんち》。
JACKY CHAN
龍拳
主演／ジャッキー・チェン
監督／ロー・ウェイ
クンフー映画の黄金コンビ ジャッキー・チェンとロー・ウェイ監督が贈る真拳勝負

龍拳／
DRAGON FIST

ドラゴンロード
1982年4月17日公開
唸る地響き、沸きたつ興奮！
めざせ栄光の〈ゴールデン・ポイント〉！

ついにアクション映画は革命した！
ジャッキー〈ザ・グレーテスト〉！
「キャノンボール」の
黄金コンビ最新作！
「キャノンボール」につづき、名プロデューサー、レイモンド・チョウと国際的トップ・スター、ジャッキー・チェンの大ヒット・コンビが贈る最新超大作！ジャッキーが俳優の道を志してから永年あたためていた構想を、1年半の製作期間、延べ6000人を越える出演者、30万フィート（通常の10倍）の莫大なフィルムから編集。既に世界先行公開した香港では《ジャッキー・ザ・グレーテスト》の声が高まり、早くも本年度ベスト・ヒットと絶賛を浴びている。
人気スポーツとドッキング！
華麗なアスレチック
ファイティング！
いまヤングに大人気のスポーツ、アメフト、ラグビー、サッカーと伝統武道カンフー・アクションすべてとの巧みなドッキング！ アスレチック・ファイティングの華麗な誕生だ！
1対1の対決から、チーム同士の闘い、そしてマス（多数）の中での無差別な死闘へとエスカレートし、遂にアクションは新境地を拓き、超スケールで革命した！ 全篇にわたるビッグ・アクションとともに、壮大なドラマが息もつかせぬ迫力で展開されていく！
栄光とロマンを賭けて…
男の夢は限りない！
限りない男の夢──それはどの世界でもナンバー・ワン（No.1）になることだ！ 年に一度、全国各地から自信にあふれた若者たちが集う。彼らの眼前にそびえ立つ巨大な塔。その最頂に輝く栄光のゴールデン・ポイントにアタックする男、男、男…。数千の男たちの熱気が渦巻き、地響きが唸る！が、これはドラゴンロード（王者トライアル）への単なるスタートにすぎない。これから迎える壮絶なクライマックスに向けて……。
話題の〈ドラゴン・キッカー〉
世界初登場！
ジャッキー率いる「ドラゴンズ」対キラーの「ブレーブス」との宿命の対決に話題の《ドラゴン・キッカー》が世界初登場！全身の運動神経を集中し、使いこなさなければ不可能の難技。両チームの炸裂する連続技の応酬、迫真のプレイが繰り広げられる。このシーンだけにジャッキー指導による3ヶ月の特訓が行われ、撮影本番では1000回のNGが出されたほど、フィルムは1週間回されっ放し、完成後シーンは圧巻の出来ばえとなっている。
10万フィートの撮影フィルムに、4000万台湾ドルの保険契約！
大ヒット作を連発しているので、香港では新作のアイデアを盗用しようとしているスパイがたくさんいる。そこで台湾のスタジオでは関係者以外は立ち入り厳禁と緊迫したなかで撮影は行われた。ところが今度は撮影したフィルムを間違いなく香港に運ぶことに頭を痛めた。台湾での2度と撮り直しのきかない貴重ネガフィルムで、4000万台湾ドルの保険をかけたら、どこの保険会社からも断られた。香港の本社に連絡しようやく保険契約がまとまったが、莫額な賠償金のためわざわざ台湾に警備員を派遣し、輸送したというウラのひと苦労もあった。
Dragon Lord
ドラゴンロード
カラー作品●スーパースコープ
TOWA
ゴールデン・ハーベスト・プロ超特作●東宝東和提供

唸る地響き、沸きたつ興奮！めざせ栄光の〈ゴールデン・ポイント〉！
Dragon Lord
ドラゴンロード
ジャッキー・チェン
4月17日《栄光》のロードショー
新宿プラザ
(200)9141

龍少爺／
DRAGON LORD

ドラゴンロード

B

蛇鶴八拳

1983年2月19日公開

中国3000年の歴史をしょってメチャメチャ燃える
ジャッキー拳法！ もう、やるっきゃない

蛇鶴八歩／
SNAKE AND CRANE ARTS OF SHAOLIN

カンニング・モンキー／天中拳

1983年8月6日公開

変幻自在の神技乱舞、ド派手にキメる七変化！

宇宙の果てからやってきた正義と真実の人――その名はジャッキー・チェン。
かいせつ
今や、世界のアクションスターNo.1を自他ともに認め、80年代最高のエンターティナーにのし上ったジャッキー・チェン。
このジャッキーの魅力は、いわずと知れた、人を喰ったコミカルな演技と他の追随を許さない超人的なカンフーアクションである。
日本で爆発的人気を博した「酔拳」「笑拳」「蛇拳」で遺憾なく発揮されたジャッキーアクションには、そのルーツともいうべき幻の作品が存在した。
この作品は、「カンニングモンキー・天中拳」(原題・一招半式闖江湖)といい、好評モンキーシリーズの第4弾として日本初公開となる。
物語は、何をやっても半人前の主人公が、秘薬・「活人丸」と「反魂丹」の争奪をめぐる善悪入り乱れた争いの中で、一人前のカンフー使いになっていくというもので、前半から中盤まで徹底的に負け続けるジャッキーが珍しい。
また、他のジャッキー映画では見られないこの映画の見所は、劇中でみせるジャッキーの七変化である。
ある時は座頭市に、またある時は紅顔の美剣士に、またある時は少林寺の高僧に、他にポパイやブルース・リーの真似まで見せる超サービス。
勿論、ラスト20分に亘る凄絶な決闘シーンは、それまでのうっぷんを晴らすかのようにジャッキーのパワー大全開。息をもつかせぬカンフーアクションを堪能させる痛快娯楽篇。
テレビ放映時には常時20%以上の高視聴率を記録し、映画雑誌の人気投票でもベストテンの第1位にランクされるジャッキーの魅力がこの一作に凝縮されたのが、この「カンニングモンキー・天中拳」である。
製作は、ローウェイ、監督は、チェン・シー・フォア。出演は、ジェームス・ティエン、カオ・チャン、クム・チン・ラン、クム・コン。ジャッキー一家が勢揃いでスクリーン狭しと暴れまくる痛快カンフーアクションの決定版である。
華麗なる七変化
カンニングモンキー
天中拳
ド追力天中
○×△□拳
ジャッキー・チェン日本公開作品リスト

変幻自在の神技乱舞、ド派手にキメる七変化！
一招半式闖江湖
天中拳
カンニングモンキー
ジャッキー・チェン
パワー・アップ！スピード・アップ！笑いもアップ！モンキーシリーズ最新弾
Jacky Chan

一招半式闖江湖／

HALF A LOAF OF KUNG FU

A

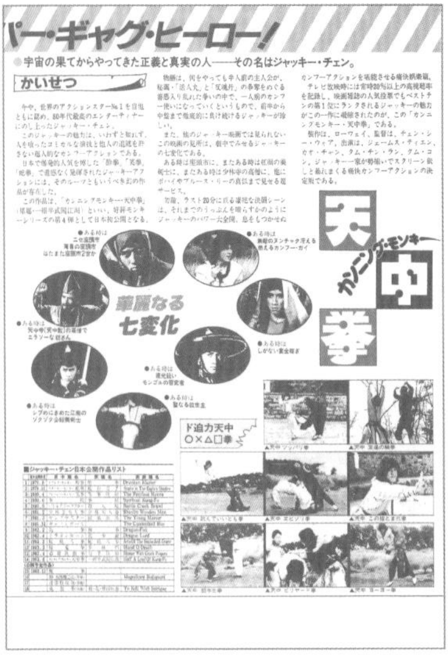

パー・ギャグ・ヒーロー！
宇宙の果てからやってきた正義と真実の人――その名はジャッキー・チェン。
かいせつ
華麗なる七変化
カンニングモンキー
天中拳
ド追力天中
○×△□拳
ジャッキー・チェン日本公開作品リスト

変幻自在の神技乱舞、ド派手にきめるジャッキー七変化
モンキー・シリーズ最新弾!!
食欲三人前、色気は一人前、拳法半人前、
必笑カンニング拳法!!
天中拳
カンニングモンキー
一招半式闖江湖
Jacky Chan
ジャッキー・チェン

B

キャノンボール2

1983年12月17日公開

パワーNO・1！ いま全世界熱狂のグレーテスト・アクションが噴きあがる！

THE GREATEST ACTION OF '84
全世界が待っていたアクション映画の決定版！
'84お正月にはこの1本！
スクリーンにクギ付け！
キャノンボール2
12月17日(土)より新春ロードショー！
有楽座 (591)5351

LOS ANGELES
NEW YORK
キャノンボール2
パワーNO.1／いま全世界熱狂のグレーテスト・アクションが噴きあがる！

炮弾飛車 2／
THE CANNONBALL RUN II

A

撮影最高潮／巨大な爆音をあげて正月映画の決定版が動き始めた！！
キャノンボール2
12月17日(土)より'84・新春ロードショー！
有楽座 (591)5351

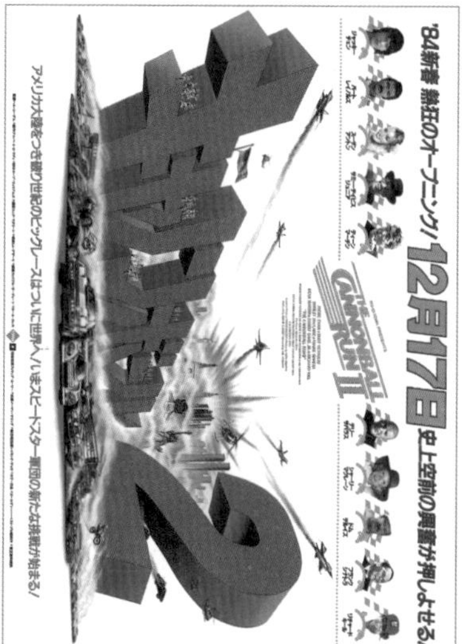
'84新春 熱狂のオープニング！
12月17日 史上空前の興奮が押しよせる！
キャノンボール2

B

S SUSAN ANTON A
THE CANNONBALL RUN II
キャノンボール 2

D

B BURT REYNOLDS R
THE CANNONBALL RUN II
キャノンボール 2

C

F FRANK SINATRA S
THE CANNONBALL RUN II
キャノンボール 2

F

R RICHARD KIEL K
THE CANNONBALL RUN II
キャノンボール 2

E

T
TELLY SAVALAS
S
THE CANNONBALL RUN II
キャノンボール2

H

S D
SAMMY DAVIS, Jr
DEAN MARTIN
D M
THE CANNONBALL RUN II
キャノンボール2

G

J
JACKIE CHAN
C
THE CANNONBALL RUN II
キャノンボール2

J

S D
SHIRLEY MacLAINE
DOM DeLUISE
M D
THE CANNONBALL RUN II
キャノンボール2

I

ドラゴン特攻隊

1983年12月17日公開

根っから陽気。とことん過激。
ジャッキー・チェンがぶっちぎる。

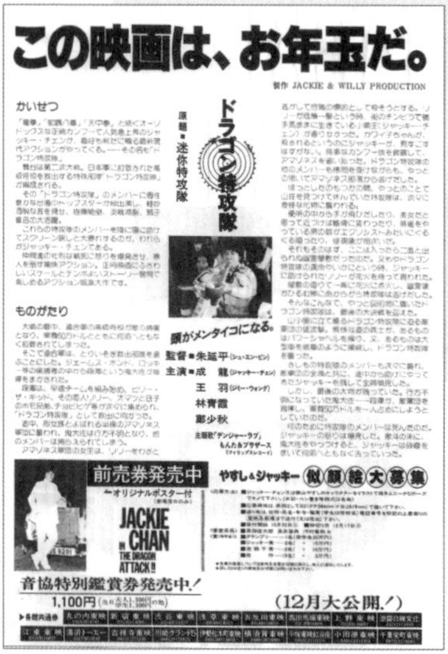

この映画は、お年玉だ。
製作 JACKIE & WILLY PRODUCTION
ドラゴン特攻隊
原題■迷你特攻隊
かいせつ
ものがたり
顔がメンタイコになる。
監督■朱延平
主演■成 龍
王 羽
林青霞
鄭少秋
前売券発売中
オリジナルポスター付
JACKIE CHAN IN THE DRAGON ATTACK!!
やすし&ジャッキー 似顔絵大募集
音協特別鑑賞券発売中！
1,100円
(12月大公開！)

JACKIE CHAN IN THE DRAGON ATTACK!!
ドラゴン特攻隊
主演＝ジャッキー・チェン
監督＝シュ・エン・ピン
根っから陽気、とことん過激。ジャッキー・チェンが、ぶっちぎる

迷你特攻隊／
FANTASY MISSION FORCE

プロジェクトA

1984年2月25日公開

巨大な〈謎〉を秘めて——
いま空前の〃A計画〃が動き出した！

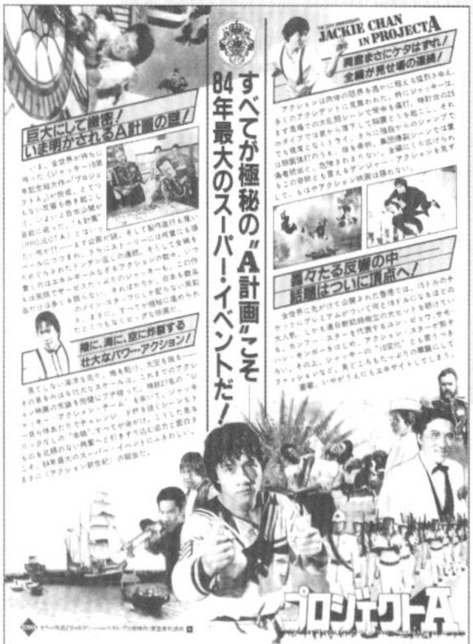

JACKIE CHAN IN PROJECT A
興奮まさにケタはずれ！全編が見せ場の連続！
巨大にして緻密！いま明かされるA計画の謎！
すべてが極秘の〃A計画〃こそ84年最大のスーパー・イベントだ！
轟々たる反響の中話題はついに頂点へ！
陸に、海に、空に炸裂する壮大なパワー・アクション！
プロジェクトA
2月25日より《世紀》のロードショー
有楽座

巨大な謎を秘めて——いま空前の"A計画"が動き出した！
THE 10TH ANNIVERSARY
JACKIE CHAN IN PROJECT A
プロジェクトA
ジャッキー・チェン
TOWA

A計劃／
PROJECT A

プロジェクトA

魅せる！唸らせる！
いま、ジャッキーは頂点を極めた！
★ケタはずれのスケール！ド肝を抜くパワー！
ついにJ・Cカンフーが新しいアクションを生んだ！
★構想4年、製作2年！ほとばしる情熱を叩き込んだ――これぞJ・Cの〈決定版〉だ！
★早くも話題沸騰！〈ジャッキー10変化〉は――もてる魅力の総てを結集！
★比類のない興奮！この映画こそ極秘に進められたビッグ・イベントだ！
THE 10TH ANNIVERSARY JACKIE CHAN IN PROJECTA
ジャッキー・チェン10周年記念超大作
プロジェクトA
84年《春休み》全国縦断ロードショー
有楽座

全世界待望の《ジャッキー10周年記念超大作》遂に完成！
THE 10TH ANNIVERSARY
JACKIE CHAN IN PROJECTA
ジャッキー・チェン10周年記念超大作
プロジェクトA
監督・主演ジャッキー・チェン
サモ・ハン・キンポー ユン・ピョウ イザベラ・ウォン

B

成龍拳

1984年5月12日公開

成龍10年、遂に出る！鮮烈華麗の大拳劇《スーパー・クンフー》。

散るか、成龍。
ジャッキー・チェン
チョイ・フォン
監督＝ロー・ウェイ
（カラー作品）
劍・花・煙雨江南
成龍拳
JACKIE CHAN IN SEIRYU-KEN
5月12日(土)公開
特別鑑賞券好評発売中！
一般1200円
学生1000円

ジャッキー・チェン 驚異の秘伝《成龍拳》
成龍10年、遂に出る！鮮烈華麗の大拳劇《スーパー・クンフー》。
成龍拳
JACKIE CHAN IN SEIRYU-KEN

劍・花・煙雨江南／
TO KILL WITH INTRIGUE

五福星

1984年8月4日公開

この夏、ビッグスリー日本上陸！

ドジ刑事とサギ師5人組にマフィアがからんでハチャメチャ快感アクション！
これがローラーターボのスーパーチェイスだ
Production Note
五福星
The 5 Lucky Stars
（8月4日(土)より大公開）
音協特別鑑賞券発売中！
1,100円

この夏、ビッグスリー日本上陸！
ハン・キン・ポー★ユン・ピョウ★ジャッキー・チェン
五福星
The 5 Lucky Stars

奇謀妙計五福星／
WINNERS & SINNERS

A

NGカット版
五福星
何んと、あのチェッカーズが「NGカット屋」の主題歌を歌っているのだ！
「五福星2」で初の日本ロケに燃えるジャッキー・チェン。

〈おっかしいNG集〉
ワッをかけて、ハチャメチャ。
この失敗が、たまらない笑撃的快感アクション
香港未公開 NG カット版
五福星
The 5 Lucky Stars
BOGAAAN
チェン

B

スパルタンX

1984年12月15日公開

ジャッキー・プロジェクト世界進出第1弾

そびえ立つガウディの塔へ
SPARTAN
巨大組織《X》を叩きつぶせ！
正月だからジャッキー・アクション！
主演最新作はパワーが違う！
《X》の狙いは何なのか──!?
超一級のサスペンスが面白い！
エキサイティング・ファイトの連続！
ハッと息をのむ──
アクションが凄い！
美しいスペインにオールロケ！
スケールがとにかくデカイ！
スパルタンX

凄いから面白い！お正月の話題を独占するジャッキー最新作！
ジャッキー・プロジェクト世界進出第1弾
スパルタンX
ジャッキー・チェン主演
SPARTAN X
12月15日(土)より(新春)ロードショー
日比谷スカラ座

快餐車／
WHEELS ON MEALS

A

パワー最高！
アクション極めつけ！
これぞお正月映画の決定版！
早くも全世界の話題を独占！
待望のジャッキー主演最新作！
全ヨーロッパを恐れさせた巨大な組織《X》とは何か!?
凄いから面白い！超ド級の興奮がスクリーンを揺るがす！
ついに世界へ進出！
スペインで初のオールロケ敢行！
JACKIE CHAN
SPARTAN X
スパルタンX
12月15日(土)より(新春)ロードショー
日比谷スカラ座

興奮全開！'85年■新春に炸裂するジャッキー・アクション最新作！
THE MOST EXCITING EVENT OF '85
JACKIE CHAN
SPARTAN X
ジャッキー・プロジェクト世界進出第1弾
スパルタンX
ジャッキー・チェン主演

B

プロテクター

1985年6月15日公開

こんなジャッキー 誰も知らない

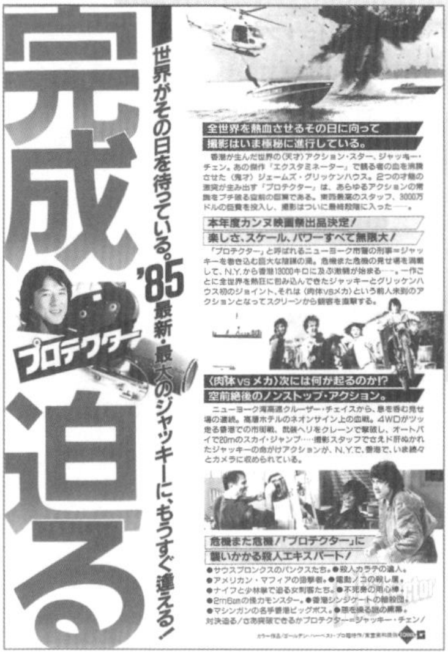

完成迫る
世界がその日を待っている。
'85最新・最大のジャッキーに、もうすぐ逢える！
プロテクター
全世界を熱血させるその日に向って
撮影はいま極秘に進行している。
香港が生んだ世界の〈天才〉アクション・スター、ジャッキー・チェン。あの傑作「エクスタミネーター」で観る者の血を沸騰させた〈鬼才〉ジェームズ・グリッケンハウス。2つの才能の激突が生み出す「プロテクター」は、あらゆるアクションの常識をブチ破る空前の巨篇である。東西最高のスタッフ、3000万ドルの巨費を投入し、撮影はついに最終段階に入った——。
本年度カンヌ映画祭出品決定！
楽しさ、スケール、パワーすべて無限大！
「プロテクター」と呼ばれるニューヨーク市警の刑事＝ジャッキーを巻き込む巨大な陰謀の渦。危機また危機の見せ場を満載して、N.Y.から香港13000キロに及ぶ激闘が始まる——。一作ごとに全世界を熱狂に包み込んできたジャッキーとグリッケンハウス初のジョイント、それは〈肉体VSメカ〉という前人未到のアクションとなってスクリーンから観客を直撃する。
〈肉体VSメカ〉次には何が起るのか!?
空前絶後のノンストップ・アクション。
ニューヨーク湾高速クルーザー・チェイスから、息を呑む見せ場の連続。高層ホテルのネオンサイン上の血戦。4WDがツッ走る香港での市街戦、武装ヘリをクレーンで撃破し、オートバイで20mのスカイ・ジャンプ……撮影スタッフでさえド肝ぬかれたジャッキーの命がけアクションが、N.Y.で、香港で、いま続々とカメラに収められている。
危機また危機！「プロテクター」に
襲いかかる殺人エキスパート！
●サウスブロンクスのパンクスたち。●殺人カラテの達人。
●アメリカン・マフィアの狙撃者。●電動ノコの殺し屋。
●ナイフと少林拳で迫る女刺客たち。●不死身の用心棒。
●2m6cmの怪力モンスター。●香港シンジケートの暗殺団。
●マシンガンの名手香港ビッグボス。●悪を操る謎の黒幕。
対決迫る！さあ突破できるかプロテクター＝ジャッキー・チェン！

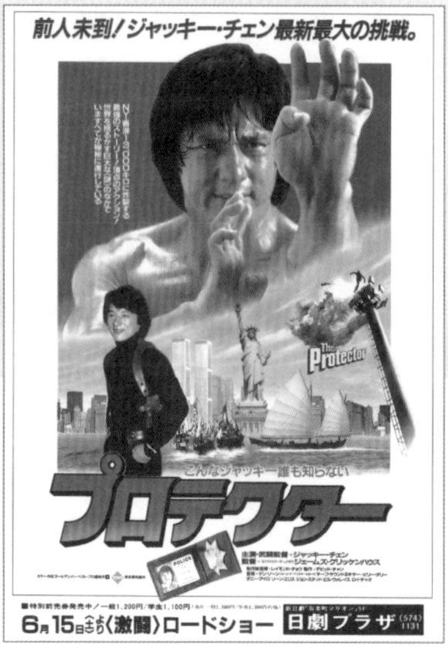

前人未到！ジャッキー・チェン最新最大の挑戦。
The Protector
こんなジャッキー誰も知らない
プロテクター
主演・武闘監督＝ジャッキー・チェン
監督＝ジェームズ・グリッケンハウス
6月15日〈激闘〉ロードショー
日劇プラザ

威龍猛探／
THE PROTECTOR

A

絶体絶命！
全世界直撃！ノンストップ・イベント誕生！
早くも大反響を呼ぶジャッキー最新作「プロテクター」。話題の中心はジャッキー・ムービー史上空前の連続見せ場。危機また危機！息を呑むアクションを積みあげて、興奮はラストまでノンストップ！お楽しみに。
ノ NY湾、高速クルーザー・チェイスから激突→炎上→ヘリで奇跡の脱出へ！
ン 15m急降下！香港メイン・ストリート高層ホテル・ネオン上の一騎打ち！
ス 「ボスはどこだ!?」敵陣に乗り込んだプロテクターを待ち受ける巨大な罠
ト 頭上からプロテクターに降りそそぐ銃弾の嵐！一発大逆転の反撃とは!?
ツ 無法地帯サウスブロンクス。恐怖の集団パンクス30人が襲いかかる！
プ 地上50m！ジャイアント・クレーン上で繰り広げられる武装ヘリとの対決！
ア 愛車パジェロがツッ走る！香港市街を炎に包むスーパー・カーチェイス！
ク マーシャル・アーツ、ハードプロレス、少林拳…殺人エキスパート続々出現！
シ 背後に迫りくる影、行く手は海！起死回生、プロテクターの離れ技だ！
ョン 失敗すれば生命はない！オートバイでの20mスカイ・ジャンピング！
炸 ほか、全篇ド肝ぬく見せ場の連続だ！
プロテクター
6月15日〈激闘〉ロードショー
日劇プラザ

最新超大作ついに登場！前人未到のノンストップ・アクション！
危機また危機！
こんなジャッキー誰も知らない
The Protector
プロテクター
主演・武闘監督＝ジャッキー・チェン
監督＝ジェームズ・グリッケンハウス

B

プロテクター

Ⓒ

香港発活劇エクスプレス　大福星

1985年8月10日公開

凄奴程喜劇的《すごいやつほどおもしろい》

福星高照／
MY LUCKY STAR

Ⓐ

香港発活劇エクスプレス 大福星

B

ファースト・ミッション

1985年9月14日公開

ジャッキー・チェン＆ハン・キンポーの情熱はどこまでエスカレートするか!!

龍的心／
HEART OF DRAGON

ポリス・ストーリー／香港国際警察

１９８５年12月14日公開

香港映画50周年記念作品

'86年新春の決定打!
いま香港映画のスリルとパワーが炸裂!
世紀の「メモリアル・イベント」遂に誕生!
現在考えられる最高のオールスター・キャスト!
未曽有のアクションに全世界が息を呑んだ!
THE POLICE STORY
ポリス・ストーリー
香港国際警察
12月14日(土)より新春ロードショー
日比谷映画

香港映画50周年
THE 50th ANNIVERSARY OF THE HONG KONG MOVIES
香港映画 50 周年記念作品
記念作品
THE POLICE STORY
ポリス・ストーリー
香港国際警察
監督・主演・脚本・武術指導:ジャッキー・チェン

警察故事／
POLICE STORY

A

凄いから、面白いから、お正月はジャッキーです!
ポリス・ストーリー
香港国際警察
86年〈新春〉12月14日(土)よりロードショー!
日比谷映画

86年新春の話題独占
12月14日
ポリス・ストーリー
香港国際警察

B

'86年新春を彩るビッグ・セレクションにこれだけは見逃せない!
COCOON
コクーン
ポリス・ストーリー
香港国際警察
いま新時代へ向けてアクションが生まれ変わった!

新時代へ突入!
いま香港映画のスリルとパワー炸裂!!
COCOON
コクーン
ポリス・ストーリー
香港国際警察
THE POLICE STORY

ポリス・ストーリー／香港国際警察

Ⓒ

ジャッキー・チェンの醒拳

1986年3月1日公開

酔っても強けりゃ醒めればもっと強くなる……

成龍祭
踏み!打つ!蹴る!
ブルース・リーをつぐ
ジャッキーの魅力が爆発!
日本語版
ジャッキー・チェンの
醒(せいけん)拳
ジャッキー・スペシャル
in JACKIE CHAN

■ついに日の目を見たジャッキー・チェンの幻のカンフー・アクション!
ジャッキー・チェンの
醒(せいけん)拳
成龍祭
ジャッキー・スペシャル
ジャッキーの痛快拳法
全部見せます!
3月春休みロードショー!
新宿 ホール・1

Ⓐ

龍騰虎躍／
FEARLESS HYENA II

ジャッキー・チェンの
醒拳

B

サンダーアーム／龍兄虎弟

1986年8月16日公開

“神の秘宝”を追って世界の危険ゾーンへ
いま、空前の——10大ファイトが炸裂する！

THE ARMOUR OF GOD
堂々完成！映画史上空前の見せ場満載！
お待たせしました。よりビッグになった
ジャッキー最新作、いよいよ完成！
パワー、スケール、すべてが圧巻！
注目の「10大ファイト」がとにかく凄い！
“神の秘宝”を追って危険ゾーンへ…
超ド級のアクションが炸裂する！
監督・主演・武術指導★ジャッキー・チェン
サンダーアーム
龍兄虎弟
8月16日よりロードショー
池袋スカラ座

86年、ジャッキーはこの1作だけにすべてを賭けた！
監督★主演★武術指導★ジャッキー・チェン
サンダーアーム
龍兄虎弟
りゅうけい こてい
THE ARMOUR OF GOD

A

龍兄虎弟／
THE ARMOUR OF GOD

サンダーアーム／龍兄虎弟

THE ARMOUR OF GOD
86年・ジャッキーはこの一作だけに賭けた！
お待たせしました。よりビッグになったジャッキー最新作、いよいよ完成！
★全世界が待っていたジャッキーの最新作がいよいよ完成する。『サンダーアーム／龍兄虎弟（りゅうけい こてい）』──撮影は85年・春から開始されたが、あの突然のアクシデントで一時中断。しかし、超人ジャッキーはファンの声援に応えるべく、監督、主演、武術指導と大活躍。かつてないほどビッグに、エネルギッシュに、限界を超えたアクションをやってのけた。これぞ世紀のメモリアル・イベントだ！
パワー、スケール、すべてが圧巻！ヨーロッパ縦断、オール・ロケ敢行！
★ダイナミックなアクションに加えて、スケールもまさに空前。ユーゴスラビアに始まり、フランス、オーストリア、とヨーロッパ各国でオール・ロケ。大都会で、雄大な自然の中でくり広げられるドラマは、スリルと興奮の連続だ。さらに香港ミュージック・シーンで人気、実力No.1のアラン・タムや『スパルタンX』のスペイン美女ローラ・フォルネルなど、出演陣も国際的。さすが我らがジャッキー！パワーが違う！
"神の秘宝"を追って危険ゾーンへ…超ド級のアクションが炸裂する！
★はるか昔、宗教戦争で世界各地に散らばった5種の"神の秘宝"。いま、それをめぐって、巨大な邪教集団と冒険野郎ジャッキーの激烈な闘いが始まる─。全米女子カラテ・チャンピオンのアリシア率いるアマゾネス軍団との肉弾戦、最新メカを駆使したカー・チェイスなど。「007」シリーズのスタント・クルーとジャッキーのアクション・チームがガッチリ組んだデンジャー・シーンの数々は、息つく暇さえ与えない。
監督・主演・武術指導★ジャッキー・チェン
サンダーアーム
龍兄虎弟
りゅうけい こてい
今夏・全国一斉ロードショー
池袋スカラ座

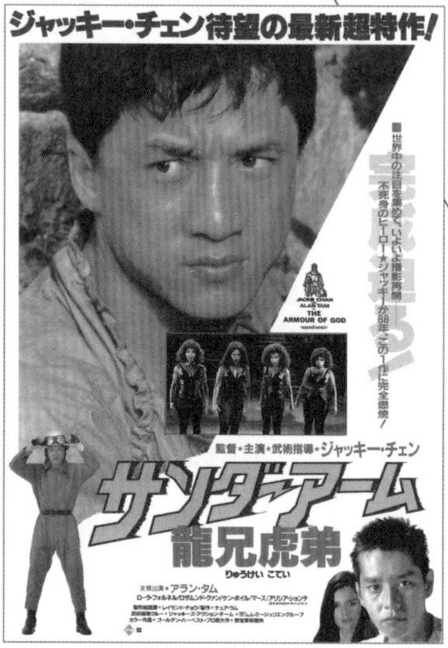
ジャッキー・チェン待望の最新超特作！
世界中の注目を集めて、いよいよ撮影再開
不死身のヒーロー★ジャッキーが88年、この一作に完全燃焼！
JACKIE CHAN
ALAN TAM
THE ARMOUR OF GOD
監督★主演★武術指導★ジャッキー・チェン
サンダーアーム
龍兄虎弟
りゅうけい こてい
友情出演★アラン・タム

B

エイリアン2
サンダーアーム
龍兄虎弟

9月6日(土)よりロードショー！
今度は戦争だ！
ALIENS
エイリアン2
最強の興奮！無敵の面白さ！
サンダーアーム
龍兄虎弟
ジャッキー待望の最新超特作

C

プロジェクトA2／史上最大の標的

1987年7月25日公開

史上最大の標的——それは巨大な謎の中で、ジャッキーが初めて出逢う〝生涯の敵〟！

極秘に進行中の"A2計画"こそ、87年最高のスーパー・イベントだ!!
この夏、君は〈巨大な謎〉の目撃者。
ジャッキー・チェンの夏へ！
7つの海から始まる冒険イベント！それが極秘〈A2計画〉だ!!
"史上最大の標的"の見えざる陰謀が迫る…！
極秘製作が進行中…
豪華絢爛たるセット！
人気スターたちが総出演！
製作ニュース1
製作ニュース2
製作ニュース3
プロジェクトA2
史上最大の標的
絶賛発売中！
世界初のオリジナル
ジャッキー・トランプ付前売券
（一般1,200円 学生1,100円）

ジャッキー・チェンの〈夏〉へ！
極秘
《A2計画》
いま発進！
プロジェクトA2
史上最大の標的
7月25日より《夏休み》ロードショー
日比谷映画

A計劃續集／
PROJECT A II

Ⓐ

極秘に進行中の"A2計画"こそ、87年最高のスーパー・イベントだ!!
この夏、君は〈巨大な謎〉の目撃者。
ジャッキー・チェンの夏へ！
7つの海から始まる冒険イベント！それが極秘〈A2計画〉だ!!
"史上最大の標的"の見えざる陰謀が迫る…！
極秘製作が進行中…
豪華絢爛たるセット！
人気スターたちが総出演！
製作ニュース1
製作ニュース2
製作ニュース3
プロジェクトA2
史上最大の標的
各劇場にて
発売中
公式テレカ付前売券
JC特製トランプ付前売券
7月
〈夏休み〉
ロードショー
渋谷パレス座

JACKIE CHAN
ジャッキー・チェン特別作品
87
この夏、待望の第2弾登場！
SPECIAL MONUMENT
撮影最高潮
プロジェクトA2
PROJECT A
史上最大の標的
監督・主演・原案・武術指導＝ジャッキー・チェン

Ⓑ

七福星

1987年12月12日公開

香港国際警察の爆弾コップス、日本上陸。

シリーズ最高のスーパー・エンターテインメント・ムービー登場！
七福星
SEVEN LUCKY STARS

ジャッキー・チェン、ユン・ピョウ、ハン・キンポーの3大スターをはじめ香港オールスター夢の競演。
香港国際警察の爆弾コップス、日本上陸。
ジャッキーの最新アクション・ムービー大公開!!
七倍楽しめる
秘蔵のNGカット満載
KICK!
ZAP
WOW
七福星
SEVEN LUCKY STARS
ジャッキー・チェン ユン・ピョウ ハン・キンポー
ゴールデンハーベスト作品 配給 東映株式会社

夏日福星／
TWINKLE, TWINKLE, LUCKY STARS

サイクロンZ

1988年4月23日公開

正義を踏みにじる者は許せない！

88年、巨大台風《サイクロン》が日本上陸！
飛龍猛将
「プロジェクトA2」から1年
体を張って正義を守り通す！ それがアクション弁護士だ！
サイクロンZ
4月23日（土）より〈G・W〉ロードショー！
上野宝塚

88年はアクション弁護士だ！
ジャッキー・チェン主演最新作
正義を踏みにじる者は許せない！
企画製作・主演・ジャッキー・チェン
サイクロンZ

飛龍猛将／
DRAGONS FOREVER

Ⓐ

サイクロンZ

88年、巨大台風が日本上陸!
体を張って正義を守り通す!
それがアクション弁護士だ!
サイクロンZ
トップドッグ

88年はアクション弁護士だ!
ジャッキー・チェン主演最新作
サイクロンZ
4月23日(土)よりロードショー!
ゴールデン・ウィークをつらぬく熱い感動!
トップドッグ
TOP DOG
京成ウエスト

B

ポリス・ストーリー2 九龍の眼

1988年8月13日公開

ジャッキー・チェン監督・主演・10本記念超大作

九龍の眼
クーロンズ・アイ
僕のすべてが、ここにある。
香港を襲う最強の敵"九龍の眼"とは何か?
ジャッキー監督・主演10本記念超大作
JACKIE CHAN
特別前売券(一般1200円/学生1100円)当劇場にて絶賛発売中!
8月13日(土)《夏休み》ロードショー
渋谷文化

ジャッキーはこの記念の1作に
最驚のクライマックスを用意した…
ジャッキー・チェン監督・主演10本記念超大作
九龍の眼
クーロンズ・アイ
ひとつ、またひとつ…謎の爆風に香港は魔都と化した!
見えざる敵「九龍の眼」に向って、いま刑事チェンの極秘任務が始まる…。

警察故事續集／
POLICE STORY II

A

ポリス・ストーリー2
九龍の眼

B

C

奇蹟／ミラクル

1989年8月12日公開

1930年香港――巨大組織・黒社會。
いま、光と闇の中で…

89年夏
ミスターJ・Cに奇蹟!!
ジャッキー変貌への時は満ちた…!
1930年・香港を揺り動かす〈黒社會〉とは!?
MIRACLE
奇蹟
ミラクル
8月12日(土)より〈光と影〉のロードショー

1930年香港―巨大組織・黒社會。いま、光と闇の中で…
奇蹟
ミラクル
MIRACLE
監督●主演◆ジャッキー・チェン

奇蹟／
CANTON GOD FATHER

プロジェクト・イーグル

1991年3月9日公開

アフリカ大密林から、
スペイン・モロッコ灼熱の砂漠へ

おまたせしました!
本物の面白さが帰ってくる!
ナチスが隠した時価数百億の"ゴールド・インゴット"を求めて
アジアの鷹!ジャッキーの決死行!
プロジェクト・イーグル
監督・主演●ジャッキー・チェン

PROJECT EAGLE
アフリカ大密林からスペイン、モロッコ、灼熱の砂漠へ―
プロジェクト・イーグル
ジャッキー・チェン
'91年〈陽春〉ロードショー

飛鷹計劃／
THE ARMOUR OF GOD II / OPERATION CONDOR

プロジェクト・イーグル

第2次世界大戦史、最大のミステリーに挑む!
世界を駆け巡るワールド・アドベンチャー!
西と東、2つのドイツが1つになる時、
ナチスが埋蔵した秘宝の謎が明かされる!
プロジェクト イーグル
監督・主演■ジャッキー・チェン
参加自由！君も挑戦しよう！
「プロジェクト・イーグル」公開記念
ジャッキー・チェン・テレホン・ゲーム
◆電話番号…0990(33)9510
◆実施期間…2月15日より上映期間中

PROJECT EAGLE
アフリカ大密林から、スペイン・モロッコ灼熱の砂漠へ
プロジェクト イーグル
監督●主演●ジャッキー・チェン

B

PROJECT EAGLE
プロジェクト イーグル
ミュータント タートルズ
全米は上を下への大騒ぎ！
まだまだあるゾっ、カメ情報！
合言葉は…カワバンガ！
音楽だってナミじゃない!!

カメって最高！
ミュータント タートルズ
日本中の春休みが"お騒"がせします！
PROJECT EAGLE
プロジェクト イーグル

C

ツイン・ドラゴン

1992年4月25日公開

最強の兄と弟、超強力合体！

ヒーローも、アクションも、面白さも
すべてが
W《ダブル》
の映画です。
ジャッキー初の2役で見せる
善と悪、2つの顔
運命に引き裂かれた双子が
劇的な再会を果す時…
ジャッキー対ジャッキー
そしてジャッキー＋ジャッキー！
ジャッキー・チェン主演最新作
ツイン・ドラゴン

TWIN
光のドラゴンは兄。力のドラゴンは弟。巨大な陰謀が人類を襲う時2つのパワーがひとつになる!
DRAGON
ジャッキー・チェン初の2役に挑戦!
ツイン・ドラゴン

雙龍會／
TWIN DRAGON

A

ジャッキーはウッチャンを見て
2役を思いついた!
双子種には、もう誰もかなわない…
『ツイン・ドラゴン』の生みの親はウッチャンなのさ
Wのジャッキーでアクション連発!
ジャッキー・チェン主演最新作
ツイン・ドラゴン
Q2ダイヤル 0990-313-712 0990-313-716
4月中旬ロードショー
日比谷映画 渋東シネタワー 新宿オデヲン 新宿ビレッジ2
池袋ジョイシネマ1 錦糸町・本所映画 川崎チネチッタ 横浜東宝会館

TWIN
ジャッキー・チェン初の2役に挑戦!
DRAGON
ジャッキーVS.ジャッキー
ツイン・ドラゴン
香港監督協会共同製作作品

B

ツイン・ドラゴン

TWIN DRAGON
ツインドラゴン
FREEJACK
フリージャック
4月18日(土)ロードショー
プラザ劇場

フリージャック
最強の兄と弟、超強力合体!
TWIN DRAGON
ツイン・ドラゴン
ジャッキー・チェン初の2役に挑戦!

©

炎の大捜査線

1992年4月25日公開

ジャッキー死す——!!
その一瞬に命を賭けた4人の狼たち!

香港4大スター、ここに結集。豪華キャストが大熱闘!!
ジャッキー・チェン 恋人を殺され、ヤクザを刺殺。
アンディ・ラウ 復讐を誓う殺されたヤクザの兄。
サモ・ハン・キンポー 息子に会うため脱獄をはかり失敗。
レオン・カーフェイ 謎の事件を解明するため入獄した刑事。
ジャッキー死す―!? 決死の逃走、生き残るのは誰だ!!
ISLAND OF FIRE
炎の大捜査線
'92年(G・W)ロードショー!
渋谷東急
新宿東急
シネマサンシャイン1
松竹セントラル1

ANDY LIU
JACKIE CHAN
SAMO HUNG KIMPO
LEUNG KA-FAI
ジャッキー死す──!?
その一瞬に命を賭けた4人の狼たち!
香港4大スター豪華競演!
炎の大捜査線
ISLAND OF FIRE

火焼鳥／
ISLAND OF FIRE

ポリス・ストーリー3

1992年12月12日公開

最強シリーズ決定版は
キモっ玉も吹き飛ぶ面白さだ。

THE POLICE STORY III
スケール3倍
アクションとスリルは3乗
すべての映画のワクを超えたラスト30分
早くもウワサ独占！
キミは本当のジャッキーを見たか!?
ポリス・ストーリー3
12月12日(土)より 93年〈正月〉ロードショー
日比谷映画
新宿オデヲン
川崎チネチッタ
渋東シネタワー
錦糸町スカラ座
横浜東宝会館

最強シリーズ決定版は
キモっ玉も吹き飛ぶ面白さだ。
THE POLICE STORY III
ポリス・ストーリー3
ジャッキー・チェン主演

警察故事 3 超級警察／
POLICE STORY 3 SUPER COP

A

スリルが
面白い。
見せ場、見せ場、見せ場のオンパレード！
やっぱり楽しい冬休み、お正月はみんなでジャッキーP3だ！
ポリス・ストーリー3

燃えるお正月へ──待望のシリーズ最新作ついに登場！
ポリス・ストーリー3
ジャッキー・チェン主演

B

ポリス・ストーリー3

生還率0%！いま彼らは死線を越えた
ポリス・ストーリー3
ユニバーサル・ソルジャー
失われた記憶に導かれて
運命の戦いは始まった！

LUNDGREN
VAN DAMME
HOLLYWOOD VS. HONG KONG
ユニバーサル・ソルジャー
ジャン＝クロード・ヴァン・ダム ドルフ・ラングレン
超アクション2大作〈'93年新春〉大激突！
THE POLICE STORY III
スーパー・シリーズ遂に完結！
ポリス・ストーリー3
全世界のスーパーコップに「超級警察」出動命令！

©

シティーハンター

1993年3月13日公開

コミックスからスクリーンへ、
あの冴羽獠が帰ってきた。

JOEY WONG as Kaori Makimura
JACKIE CHAN as Ryo Saeba
KUMIKO GOTO as Kiyoko Imamura
シージャックされた豪華客船を救え!!
舞台はトーキョー、ホンコン、そして遥か大西洋へ——
ジャッキー映画最大のクライマックスが待っている！
CITY HUNTER IS BACK
おれは冴羽獠（サエバ・リョウ）、またの名をシティーハンター。美女のボディガードから、凶悪犯の暗殺まで手広く請け負う。つまり街のゴミどもを始末するプロの清掃人（スイーパー）ってわけだ。
今回の依頼は、香港で失踪した日本の新聞王の一人娘を捜し出して連れ帰るというもの。チョロイ仕事と引き受けたが、こいつがとんだジャジャ馬娘、サスガのおれも手を焼かされた。やっとのことで日本へ向かう超豪華客船に乗っていることを突き止めて、こっそり潜りこんだまでは良かったが、まさかその船を国際テロリストの一団が狙っていようとは!?——シージャックされた豪華客船を舞台に繰り広げられる〈シティーハンター〉冴羽獠一世一代の大活躍、とくとご覧じろ！
EXCITEMENT NEVER ENDS!
週刊少年ジャンプに連載され人気沸騰、TVアニメ化で更にブームを呼んだ超人気コミック「シティーハンター」——その待望の映画化が、ジャッキー・チェン＆後藤久美子というスーパースターの競演で実現した。
世界のアクションスター、ジャッキーがハマリ役を得てパワーを全開すれば、ヒロイン役のゴクミは優等生イメージを返上してアクション映画に初挑戦、少女が大人の女に変わる瞬間の危険な魅力をふりまく。そしてセクシーなパートナー、カオリに扮するのは「チャイニーズ・ゴースト・ストーリー」のジョイ・ウォン。また、ダンサブルなイメージ・ソングをあのTMネットワークの宇都宮隆が担当し、早くも話題騒然。〈春休み〉最高のエンタテインメント・アクション超大作の登場だ！
シティーハンター
CITY HUNTER
3月13日(土)より〈春休み〉ロードショー
ニュー東宝シネマ1
池袋テアトルダイヤ
吉祥寺スカラ座
新宿オデヲン
錦糸町スカラ座
横浜オデヲン座

ジャッキー×ゴクミ
シティーハンター
CITY HUNTER
コミックスからスクリーンへ、あの冴羽獠が帰ってきた。
ジャッキー・チェン 後藤久美子
ハンパなルールはノー・サンクス。おれたちクールに決めようぜ。
SUNTORY

城市獵人／
CITY HUNTER

新ポリス・ストーリー

1993年10月9日公開

史上最大の誘拐事件を追え!!

今年もジャッキーが見せる、魅せてくれる！
殺された仲間の無念さを抱いてジャッキーの怒りが炸裂する!!
犯人の要求は史上最高の6000万USドル！
俺たちはチームじゃないか！
NEW POLICE STORY
'93ジャッキー・チェン主演最新作
新ポリス・ストーリー
Story
全てを守り抜けるか！刑事ジャッキー、史上最強の凶悪犯罪組織との戦いに命がけで挑む!!

史上最大の誘拐事件を追え!!
JACKIE CHAN
NEW POLICE STORY
'93ジャッキー・チェン主演最新作
新ポリス・ストーリー
ジャッキー・チェン主演

重案組／
CRIME STORY

酔拳2

1994年12月10日公開

酔えば酔うほど強くなる！

それは中国武術4,000年最強至高の秘拳
すべては、この1本のために！
「プロジェクトA」から「ポリス・ストーリー3」まで
いまだかつてこの奥技を身につけた者はいない。
コイツひとりを除いては！
THE DRUNKEN MASTER II
酔拳2
12月10日(土)ロードショー決定！
ニュー東宝シネマ1

酔えば酔うほど強くなる！
あの最高傑作がパワーアップして帰ってきた——今度は何をやらかすのか!?
JACKIE CHAN
THE DRUNKEN MASTER II
ジャッキー・チェン主演最新作
'94年度香港映画興収第1位
ジャッキー・チェン映画史上興収第1位
酔拳2
ジャッキー・チェン主演・武術指導

酔拳II／
DRUNKEN MASTER II

酔拳2

すべては、この1本のために!
「プロジェクトA」から「ポリス・ストーリー3」まで
それは中国武術4,000年最強至高の秘拳
いまだかつてこの奥技を身につけた者はいない。
――コイツひとりを除いては!
THE DRUNKEN MASTER II
酔拳2
'95正月第一弾ロードショー!
シネセゾン渋谷

酒がない！酔拳が使えない!?
絶体絶命のこの危機に、ジャッキーの選んだ秘策とは
JACKIE CHAN
THE DRUNKEN MASTER II
酔えば酔うほど強くなる!
ジャッキー・チェン主演最新作
酔拳2

B

レッド・ブロンクス

1995年8月5日公開

アメリカは〈命がけの面白さ〉を待っていた。

ジャッキー・チェン、ハリウッド制覇!
☆ニューヨークは、休暇のはずだった…。
☆ハリウッドに残された最後の〈不可能〉とは?
☆史上No.1ヒット/そして、世界へ――
☆壮絶／未体験のスペクタクル・シーン
レッドブロンクス
8月5日〈夏休み〉ロードショー
ニュー東宝シネマ1

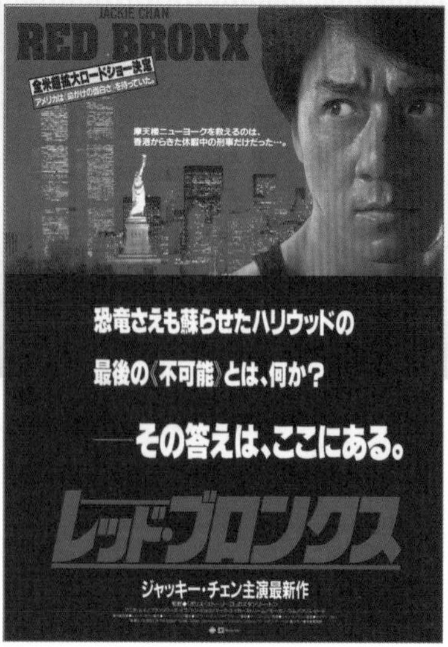
JACKIE CHAN
RED BRONX
全米超拡大ロードショー決定
アメリカは〈命がけの面白さ〉を待っていた。
摩天楼ニューヨークを救えるのは、香港からきた休暇中の刑事だけだった…。
恐竜さえも蘇らせたハリウッドの
最後の〈不可能〉とは、何か?
――その答えは、ここにある。
レッド・ブロンクス
ジャッキー・チェン主演最新作

紅番區／
RUMBLE IN THE BRONX

デッドヒート

1996年3月2日公開

スリルとスピードに限界という言葉はない！

1000psのデンジャー・ゾーン――
限界の枠を超えた
最新最速のエンターテインメント誕生！
メーターを振り切る瞬間
誰もが未知の領域を体験できる。
夜のハイウェイを猛スピードで疾走する2台のマシン。メーターを振り切り、妥協のない壮絶なデッドヒートを繰り広げる両者の勝負は、やがてツーリング・カー選手権へと舞台を移す…。フルスロットルの快感と迫りくる加速度の緊張感が五感を刺激する、新感覚のエンターテインメント・ムービー。それが「デッドヒート」だ。
映像にこだわったプロジェクト――
これぞ本格的カーアクション！
95年初頭、撮影開始すぐにプロジェクト・チームは数カ月に渡り日本ロケを敢行。三菱自動車の全面協力を得て、企業機密保護上これまで非公開とされていた製造工場内の生産ラインでの撮影や、開発担当者以外立ち入り禁止のはずのテスト・コースでの撮影も特別に許可された。さらにモーターショーに出展したコンセプトカーも多数貸し出され、カーマニアにとってはたまらなく贅沢な作品である。本作のハイライトのひとつであるハイウェイでの過激なカーチェイス・シーンの撮影は、香港で高速道路全線を完全に“占拠”して行われた。その他マレーシアでもロケを敢行、その妥協なき姿勢はスクリーンを超えて我々に迫る。またGTO、R32GT-RからBMW-M3まで、この映画のために世界各国各社から多種多様な車が結集、迫力の走りと“演技”を見せている。
世界市場をにらんだ
国際的スケールのキャスティング！
監督は新鋭ゴードン・チャン。主演はカーマニアとして知られているジャッキー・チェン。自らもマカオ・グランプリでのワンメーク・レース“JCカップ”を毎年開催しているほどで、本作でもプロ顔負けのドライビング・テクニックを披露している。共演に「つきせぬ想い」(93)と「君さえいれば」(94)で2年連続香港金像奨主演女優賞を獲得したアニタ・ユン、ドイツからトースティン・ニッケル、日本からは加山雄三、江黒真理衣、そして「ストリート・ファイター」(94)の澤田謙也を迎え、世界市場を睨んだ国際的スケールのキャスティングが早くも話題を呼んでいる。
いまだかつてない興奮と緊迫感、そして贅沢を極めた壮絶なカーアクションが展開される、最新最速のエンターテインメントが今ここに誕生した！
DEAD HEAT
デッドヒート
'96年〈春休み〉全国東宝洋画系にてロードショー！

DEAD HEAT
デッドヒート
DIRECTED BY GORDON CHAN
JACKIE CHAN ANITA YUEN YUZO KAYAMA MARIE EGURO KENYA SAWADA
"THUNDERBOLT" A GOLDEN HARVEST PRODUCTION A TOHO-TOWA RELEASE
96年3月ロードショー

霹靂火／
THUNDERBOLT

A

DEAD HEAT
デッドヒート
心臓直撃のリアルな緊張感！
常識を超えた本物の迫力！
一番身近で、一番危険な乗り物クルマ
クルマに魅せられた男たちの
熱く激しいドラマが誕生した！
現代社会において、不可欠かつ便利だがそれと同時にアクセルを踏めば危険なまでのスピードとスリルをも体験できる、最も身近な乗り物クルマ。そのクルマに魅せられた男たちの熱く激しいドラマがいま幕を開けようとしている。妥協を許さないカーアクションに、世界中から集められた名車・スポーツカーの数々。クルマの好きな人なら誰もが楽しめる衝撃のエンターテインメント話題作、それが「デッドヒート」だ。
主演は95年度のMTVムービー・アワーズで特別賞を受賞、プレゼンターのクエンティン・タランティーノに絶賛され、いまハリウッドで最も熱い注目を浴びているジャッキー・チェン。監督は、娯楽映画の面白さを追求したその手腕と熱意で、コメディ映画「表姐妳好嘢」(91・日本未公開)で当時の香港映画興行記録を塗り替え、一躍ヒットメーカーの仲間入りを果した新鋭ゴードン・チャン。共演に「つきせぬ想い」「君さえいれば／金枝玉葉」で2年連続香港アカデミー賞主演女優賞を獲得したアニタ・ユン。日本からは加山雄三、江黒真理衣、そして「ストリートファイター」の澤田謙也が出演している。
妥協を知らないスタッフ陣
その熱意、迫力が
スクリーンを越えて迫る！
無類のカーマニアとして知られるジャッキー・チェン。今回は念願の企画だけに、大好きな日本でぜひ撮りたいということで、95年初頭からロケを開始。仙台ハイランドレースウェイでのレース・シーンの撮影を皮切りに、三菱自動車の協力を得て非公開のはずの製造工場やテスト・コースでの撮影に成功。コンセプトカーも多数登場しているのも楽しみのひとつだ。ハイウェイでのチェイス・シーンは香港で高速道路を完全封鎖して撮影。許された時間はたったの一晩。出入り口での配置だけでも200人のスタッフを要している。さらにオーストラリア、アメリカ、マレーシアなど全世界的規模で超過密なロケを敢行。その妥協なき姿勢はスクリーンを越えて我々に迫る。またGTO、スカイライン、シビックからBMW、ポルシェ、カウンタックなど世界各国から名車・スポーツカーが集められ、本物の迫力が再現されている。
STORY
日本の自動車メーカーで、カーエンジニアとしての最新テクノロジーを学ぶジャッキーは、香港へ戻り父親の経営するレーシング・ショップを手伝っている。ジャッキーは天性のドライビング・テクニックを買われて、ハイウェイでの暴走車取り締まりに駆り出された。ある夜、ジャッキーは検問を猛スピードで突破する車を目撃する。すぐさま後を追い、壮絶なるカーチェイスを制した。逮捕されたのは国際テロリスト、クーガーだった。仲間の手により脱獄したクーガーはジャッキーの妹を誘拐し、挑戦状をたたきつけた。日本で行われる公式レースで決着つけようと。エントリーまでの時間はあとわずか…。
3月2日(土)《春休み》ロードショー
前売券を買うと、今なら「カッコイイ㊙ドライビング」Bookがもらえる!!
シネセゾン渋谷

スリルとスピードに限界という言葉はない！
クルマに魅せられた男たちの熱いドラマ。
DEAD HEAT
デッドヒート
Directed by GORDON CHAN
JACKIE CHAN "THUNDERBOLT"
ANITA YUEN/YUZO KAYAMA/MARIE EGURO/KENYA SAWADA
A GOLDEN HARVEST PRODUCTION A TOHO-TOWA RELEASE

B

ファイナル・プロジェクト

1996年12月14日公開

遂に最後！ ジャッキー〈最終計画〉始動！

遂に最後！ジャッキー
《最終計画》始動！
ファイナル
プロジェクト

ジャッキー・チェン香港返還メモリアル超大作!!
全米公開'97年1月に先がけ正月日本列島が巨大な興奮に揺れる!
ファイナル
プロジェクト
'97年正月《超拡大》ロードショー　全国東宝洋画系にて

警察故事４之簡單任務／
FIRST STRIKE

A

ついに最後!
ファイナル
プロジェクト
ジャッキー・チェン香港返還メモリアル超大作!

お正月最高の興奮を!!ジャッキー・チェンがお約束します!!
世界がこの最新作を待っていた!日・米同時超拡大公開決定!!
ファイナル
プロジェクト
12月14日(土)より《列島騒然》のロードショー

B

ナイスガイ

1998年3月14日公開

大変身！ 恋する男は強くなれる!!

見るだけで最後がわく！
この男が〈不可能〉を〈可能〉に変える！
NO CHOICE
NO RETURN
NO ESCAPE
NO CONTROL
ナイスガイ
3/14(土)《春休み》ロードショー
ニュー東宝シネマ

ジャッキー・チェン世界進出第1弾！
NICE GUY
大変身！恋する男は強くなれる!!
ナイスガイ
主演ジャッキー・チェン 監督サモ・ハン・キンポー

一個好人／
MR. NICE GUY

ラッシュアワー

1999年1月23日公開

コイツらをハリウッドは待っていた!!

速報！全米9月公開
オープニング歴代No.1!!
「プライベート・ライアン」「タイタニック」を上回る
オープニング3日間$33,001,803を記録！
■全米マスコミも大絶賛!!
2人が出会ったとき、全米は史上最悪のラッシュアワーに巻き込まれた！
噂の新アクション・バディ・ムービー炸裂！
27歳のヒットメイカー ブレット・ラトナー仕掛ける！
クリス・タッカー×ジャッキー・チェン
ラッシュアワー
RUSH HOUR
ブレット・ラトナー監督作品
1月23日(土)ロードショー！

全米No.1超ヒット!!
はやくも興収1億ドル突破！
(約140億円)
コイツらをハリウッドは待っていた!!
全米9月公開オープニング歴代No.1!
クリス・タッカー×ジャッキー・チェン
ラッシュアワー
ブレット・ラトナー監督作品

火拼時速／
RUSH HOUR

ラッシュアワー

速報！全米9月公開
オープニング歴代No.1!!
「プライベート・ライアン」「タイタニック」を上回る
オープニング3日間$33,001,803を記録！
2人が出会ったとき、全米は史上最悪のラッシュアワーに巻き込まれた！
噂の新アクション・バディ・ムービー炸裂！
27歳のヒットメイカー ブレット・ラトナー仕掛ける！
クリス・タッカー×ジャッキー・チェン
ラッシュアワー
RUSH HOUR
ブレット・ラトナー監督作品
'99年新春第2弾ロードショー！
全米オリジナルポスター付き（先着10000名限定）
川崎チネチッタ
044(211)6125

全米No.1!オープニング記録樹立!!
早くも全米興収160億円突破!
今、世界で一番面白い映画がやってくる!!
98年秋、全米で一番ヒットした映画!
「タイタニック」「プライベート・ライアン」を超えるオープニング成績!
「セブン」「マスク」を超えるニューライン・シネマ歴代No.1!
サントラCD 全米ビルボード第4位!
主題歌「HOW DEEP IS YOUR LOVE」by Dru Hill 全米ビルボード第1位!
クリス・タッカー ジャッキー・チェン
ラッシュアワー
RUSH HOUR

B

WHO AM I？

1999年11月9日公開

新世紀成龍計画《ジャッキー・プロジェクト》始動！

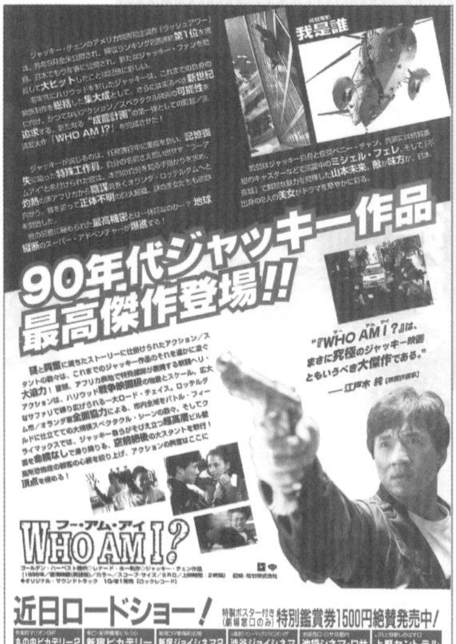
我是誰
90年代ジャッキー作品
最高傑作登場!!
『WHO AM I？』は、まさに究極のジャッキー映画ともいうべき大傑作である。
—江戸木 純
フー・アム・アイ
WHO AM I?
近日ロードショー！
特別鑑賞券1500円絶賛発売中!
丸の内ピカデリー2
新宿ピカデリー
新宿ジョイシネマ2
渋谷ジョイシネマ
池袋シネマ・ロサ
上野セントラル

ジャッキー・プロジェクト
成龍計画始動！
新世紀
ジャッキー・チェン
フー・アム・アイ
WHO AM I?
我是誰

我是誰／
WHO AM I？

ゴージャス

1999年12月18日公開

恋あり！笑いあり！
新感覚ラブアクション・ムービー!!

「ラッシュアワー」でハリウッドを席捲した世界のジャッキー・チェンと、
実力・人気共に急上昇のトニー・レオン、スー・チーが夢の共演!!
まさに豪華絢爛!!
GORGEOUS
ジャッキーの今度の挑戦は、
アクションあり、恋あり、笑いありの
新感覚"ラブアクション"ムービー!!
ゴージャス
お正月ロードショー！
前売券好評発売中!(¥1,600)
丸の内シャンゼリゼ
新宿東映会館
スタームービー
マイカル松竹本牧

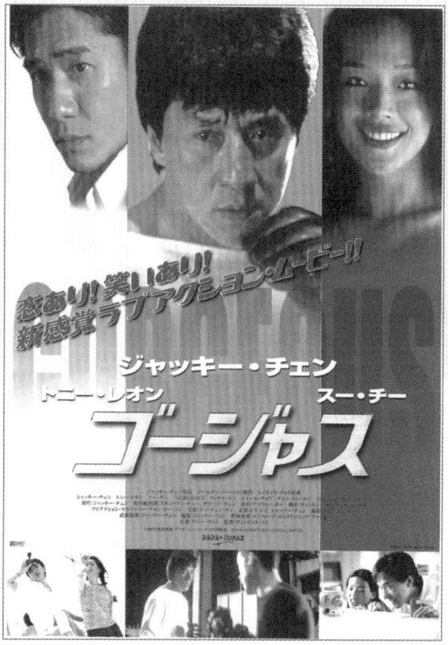
恋あり！笑いあり！
新感覚ラブアクション・ムービー!!
ジャッキー・チェン
トニー・レオン
スー・チー
ゴージャス

玻璃樽／
GORGEOUS

ジェネックス・コップ

2000年2月26日公開

純度100%の、一瞬。

最新SFXと香港アクションが融合した、
噂のノンストップ・フリーフォール・ムービー登場。
2000年(ミレニアム・イヤー)を飾る最強のアクション映画登場！
香港映画のイメージを変えた新世代スター総出演
ハリウッド最高SFX陣を始めとする超一流スタッフの結集
東京国際ファンタスティック映画祭'99オープニング上映作品
ジェネックス コップ
GEN-X COPS
2000年陽春ロードショー！
新宿ジョイシネマ
03(3209)6180
キネカ大森
03(3762)6000

純度100%の、一瞬。
GEN-X COPS
ジェネックス コップ
JACK NICHOLAS TSE
MATCH STEPHEN FUNG
ALIEN SAM LEE
Y2K
DANIEL DANIEL WU
AKATORA TORU NAKAMURA

特警新人類／
GEN-X COPS

喜劇王

2000年5月20日公開

泣くほど笑え！

99年香港No.1ヒット作、遂に上陸！
「ゴージャス」「ジェネックス・コップ」を抑え香港映画興行成績堂々第一位に輝いたのが喜劇王だ!!
「フェイス／オフ」を超える銃撃シーン、「恋する惑星」より熱いラブ・ストーリー、
これぞ、ニュー恋愛活劇エンターテインメント!!
ジャッキー死す!?
喜劇王
5月中旬よりロードショー！
キネカ大森
03-3762-6000

今年一番の笑撃作！
喜劇王
きげきおう
泣くほど笑え！
Art Port

喜劇之王／
KING OF COMEDY

シャンハイ・ヌーン

2000年8月5日公開

ふたりの戦士《ファイター》が世界を救う！

燃え上がれ、冒険心。
J・チェンが「ラッシュアワー」に続いて贈るハリウッド映画進出第2弾！
痛快アクション・アドベンチャー巨篇ついに登場！
シャンハイ・ヌーン
天と地がひっくり返る史上最強?のコンビがここに誕生！
SHANGHAI NOON
8月5日(土)よりパワフル☆ロードショー！
ニュー東宝シネマ

全米で5000万ドルを超え、大ヒット爆進中！
ふたりの戦士が世界を救う！
ジャッキー・チェン
オーウェン・ウィルソン
SHANGHAI NOON
シャンハイ・ヌーン

西域威龍／
SHANGHAI NOON

ラッシュアワー2

2001年9月15日公開

香港⇓L.A.⇓ベガスをまたにかけ、ついにあの最強コンビが帰ってくる!!

2001年、最大のイベントムービー参上!
世界はコイツらを待っていた!!
ジャッキーのスーパーアクション＆
クリスのマシンガントーク炸裂!!
総製作費は100億円!
今度はアジア・アメリカをまたにかけて大暴れ!!
「グリーン・デスティニー」のチャン・ツィイー
ついにハリウッド進出!!
ラッシュアワー2

全世界待望の続編!
香港⇒L.A.⇒ベガスをまたにかけ、ついにあの最強コンビが帰ってくる!!
絶対面白い!全米試写評価歴代ナンバー1!! 95%以上が「EXCELLENT」か「VERY GOOD」と評価!
前代未聞!超強力サウンドトラック!!
ジャッキー・チェン
クリス・タッカー
ブレット・ラトナー監督作品
ラッシュアワー2
「グリーン・デスティニー」チャン・ツィイー／「ラストエンペラー」ジョン・ローン
www.rushhour2.net www.gaga.ne.jp

火拼時速 2／
RUSH HOUR 2

A

2001年、最大のイベント・ムービー参上!!
世界はコイツらを待っていた!今度は香港・ロサンゼルス・ラスベガスを舞台に大暴れ!
2001年最大のイベント・ムービーに全世界が再び熱狂すること間違いなし!!
世界一の口達者
クリス・タッカー
世界一の腕自慢
ジャッキー・チェン
ラッシュアワー2
www.rushhour2.net www.gaga.ne.jp
今秋《待望の》ロードショー!

全世界待望の続編!
ついにあの最強コンビが帰ってくる!!
クリス・タッカー
ジャッキー・チェン
ラッシュアワー2
チャン・ツィイー／ドン・チードル／ジョン・ローン
ブレット・ラトナー監督作品
今秋、超拡大ロードショー!
www.rushhour2.net www.gaga.ne.jp

B

ラッシュアワー2

ジャッキー・チェン　クリス・タッカー
全世界待望の続編！
香港→L.A.→ベガスをまたにかけ、ついにあの最強コンビが帰ってくる!!
絶対面白い!全米試写評価歴代ナンバー1!! 95%以上が「EXCELLENT」か「VERY GOOD」と評価!
前代未聞!超強力サウンドトラック!!
ジャッキー・チェン　クリス・タッカー
ブレット・ラトナー監督作品
ラッシュアワー2
チャン・ツィイー／ジョン・ローン
www.rushhour2.net　www.gaga.ne.jp

2001年、最大のイベントムービー参上！世界はコイツらを待っていた！
ジャッキーのスーパーアクション&クリスのマシンガントーク炸裂!!
総製作費は100億円!今度はアジア・アメリカをまたにかけて大暴れ!!
「グリーン・デスティニー」のチャン・ツィイーついにハリウッド進出!!
絶対に面白い!!
歴代ニューライン試写評価ナンバー1!!
90%以上が「すばらしい」「大変良い」、
そして80%以上が「絶対お薦め」の評価!
ダントツ!
超大物アーティスト大集合!!
DEF JAM/DEF SOULレーベルが贈る
超強力サウンドトラック!
これが全リストだ!
今秋《待望の》ロードショー！
ラッシュアワー2
ジャッキー・チェンに会える!! ジャッキー・チェンインターナショナルファンクラブ20周年記念企画
ジャッキーと過ごすパーティ付き香港ツアー
「Together 21」実施決定！

C

アクシデンタル・スパイ

2001年12月1日公開

身体ひとつ、本気のジャッキーがここに。

誰もが観たがっていた、ジャッキーの本物のアクションが、帰ってきた!
ジャッキー・プロジェクト史上最高の製作費を投入し、初めてのスパイ役で挑む決死のアクション・スペクタクル
ジャッキーをサポートするために選ばれた豪華共演陣、一流スタッフ!
極限の状況下で繰り広げられた決死の撮影
"ハリウッドでは実現不可能な、かつてない危険なアクションへの挑戦をしたかったんだ"
アクシデンタル・スパイ
近日《待望》のロードショー!
有楽町スバル座
03(3212)2826
シネマメディアージュ
03(5531)7878
新宿ジョイシネマ3
03(3209)6180

ジャッキー・チェン
身体ひとつ、
本気のジャッキーがここに
THE ACCIDENTAL SPY
アクシデンタル・スパイ
香港、ソウル、イスタンブール・・・ジャッキー・プロジェクト史上最高の製作費で挑む初のスパイ・アクション・スペクタクル!

特務迷城／
THE ACCIDENTAL SPY

タキシード

2003年3月15日公開

ハイテク・パワー搭載　完全無欠のタキシード!!

『マスク』+ジャッキー・アクション=『タキシード』
驚異のVFXアクション、ついに完成!
誰も知らないJ・チェンがここにいる!!
スピード狂のタクシー・ドライバーが、
1着のタキシードを着た瞬間から、
政府のシークレット・エージェントに変身!?
世界最高のスパイの秘密!
それは1着のスーパー・タキシード
3月15日(土)ロードショー!!
日比谷映画

ジャッキー・チェン
ジェニファー・ラヴ・ヒューイット
重力制御モード
防御モード
全力疾走モード
ダンス・モード
ファイト・モード
吸盤モード
これを着ると、もう誰にも
止められない!止まらない!!
タキシード

燕尾服／
THE TUXEDO

シャンハイ・ナイト

2003年11月15日公開

大英帝国の危機を救うため、ジャッキーが大暴れ！

中国→アメリカ→そして
ロンドンへ！ 巨大な陰謀
から大英帝国を救え!!
ロンドンの象徴
《ビッグ・ベン》で
ジャッキー危機一髪！
女王を守るため、命をかけた戦いが今はじまる！
ジャッキー・アクション
究極の集大成!!
ロンドンの名所がずらり、そしてあんな人も!?
11月〈激闘〉ロードショー!!

クイーン・ビクトリアが危ない!!
大英帝国の危機を救うため、ジャッキーが大暴れ
走る！飛ぶ！戦う!!
ジャッキー・チェン・アクション
究極の集大成！
ジャッキー・チェン
オーウェン・ウィルソン
シャンハイナイト
www.movies.co.jp

贖金之王 2：皇廷激戦／
SHANGHAI KNIGHTS

ツインズ・エフェクト

2004年2月28日公開

ふたつの愛、ふたりの血戦。

『マトリックス』シリーズを超え、記録破りのNo.1大ヒット!!
香港オールスター総出演！完全無欠のヴァンパイア・アクション・ファンタジー！
吸血鬼に恋した女の子、始末人に恋した女の子、未来は二人の少女の手に委ねられた！
ジャッキー×イーキン×エディソン！そして、香港の"ミニモニ。"Twins!!
アクション演出は、『HERO』『ブレイド2』のドニー・イェン!!
香港No.1アイドル「Twins」旋風、いよいよ日本上陸!!
ジリアン・チョン
シャーリーン・チョイ
www.twins-effect.com
2/28(土)より＜怒濤＞のロードショー!!
新宿ジョイシネマ3
ヴァージンシネマズ六本木ヒルズ

ふたつの愛、
ふたりの血戦。
不屈のヴァンパイア・ハンターズ、見参
ジリアン・チョン
シャーリーン・チョイ
THE TWINS EFFECT
ツインズ・エフェクト
イーキン・チェン
エディソン・チャン
ジャッキー・チェン

千機變／
THE TWINS EFFECT

メダリオン

2004年6月19日公開

生誕50年・日本公開50作品記念超大作!

ジャッキー50年!
歴史的記念超大作、遂に日本上陸!!
メダルに助けられた命、
そしてメダルのために命を賭けて戦う!
香港映画史上最大の製作費!
300,000,000香港ドルを投じた
ジャッキー流エンターテインメントの決定版!
メダリオン
6.19(土)よりロードショー!
ニュー東宝シネマ

生誕50年・日本公開50作品 記念超大作!
ジャッキー・チェン
クレア・フォラーニ
サモ・ハン・キンポー
メダリオン
THE MEDALLION
6/19(土) ロードショー

飛龍再生／
THE MEDALLION

80デイズ

2004年11月6日公開

何でもアリの世界一周アドベンチャーが始まる!

夢とロマンがいっぱいの
アドベンチャー超大作
いよいよ日本上陸!!
80デイズ
11/6(土)より全国松竹・東急系にてロードショー!

何でもアリの
世界一周アドベンチャーが始まる!
80
エイティ
デイズ

環遊世界八十天／
AROUND THE WORLD IN 80 DAYS

失われた龍の系譜／トレース・オブ・ア・ドラゴン

2005年3月5日公開

最も愛する父親の名前を、彼はこれまで知らなかった。

今まで誰にも知られていなかった
ジャッキー・チェン・ファミリー
衝撃の真実が明かされる。
失われた龍の系譜
3/5(土)モーニング&よりレイトショー

失われた龍の系譜
TRACES OF A DRAGON
トレース・オブ・ア・ドラゴン

龍的深處 - 失落的拼圖／
TRACES OF A DRAGON:JACKY CHAN AND HIS LOST FAMILY

香港国際警察 NEW POLICE STORY

2005年3月5日公開

返還から7年――香港を震撼させる最も冷酷な事件発生。

史上空前のポリスエンターテインメント超大作!
大事件発生!香港警察総動員!!
100%香港ジャッキー超絶アクション
ただいま帰還!
最高傑作を超える、最高傑作の誕生!!
次世代のトップスターを探せ!
3月5日(土)より〈超絶〉ロードショー
有楽町スバル座

香港・中国合作映画史上歴代No.1記録樹立!!
JACKIE CHAN
香港国際警察
NEW POLICE STORY
返還から7年――香港を震撼させる最も冷酷な事件発生。
2005 3.5 SAT

新警察故事／
NEW POLICE STORY

花都大戦 ツインズ・エフェクトII

2005年8月27日公開

今、壮大なるアクションファンタジーの扉が開かれる!

花都大戦
ジャッキー父子!! 香港アクション完全復活宣言!!
あの、ジャッキー・チェンが、Jr.と共に
香港映画復活の狼煙を上げた!
今、父子が命運を賭けた花都大戦に敢然と挑む!
大ブレイク必至! ジャッキー・チェンJr.銀幕デビュー
選ばれし者だけが手に出来る神剣を求め、
今、壮大なるアクションファンタジーの扉が開く!
豪華なキャスティング!
メガヒットプロジェクト「ツインズ・エフェクト」再び!
帝王星現 8.27(土)開戦!
銀座シネパトス
03(3561)4660
☆☆ 前売鑑賞券¥1,300(税込)好評発売中 ☆☆

ジャッキー・チェン×ジェイシー・チェン
今、壮大なるアクションファンタジーの扉が開かれる!
花都大戦
ツインズ×エフェクトII

千機變II 花都大戦／

THE HUADU CHRONICLES:BLADE OF THE ROSE / THE TWINS EFFECT II

THE MYTH 神話

2006年3月18日公開

二千年の時を超え今、〝神話〟の謎が明かされる——

『グリーン・デスティニー』『HERO』『LOVERS』——
かつて誰も観た事のない世界がここに!
それは2千年前の約束。
私は忘れない——いつまでもあなたを待ち続ける。
THE MYTH 神話
3月18日(土)よりロードショー
ポストカードセット付全国共通特別鑑賞券
(一般¥1300)絶賛発売中
日比谷みゆき座
新宿武蔵野館
TOHOシネマズ南大沢
TOHOシネマズ府中
TOHOシネマズ川崎

中国歴代No.1樹立!
「HERO」、「LOVERS」に次いでスーパーアクション超大作ここに誕生!
二千年の時を超え
今、"神話"の謎が明かされる——
MYTH
神話

神話／

THE MYTH

THE MYTH 神話

『グリーン・デスティニー』『HERO』『LOVERS』——
興奮はいよいよ頂点《クライマックス》へ!
THE MYTH 神話

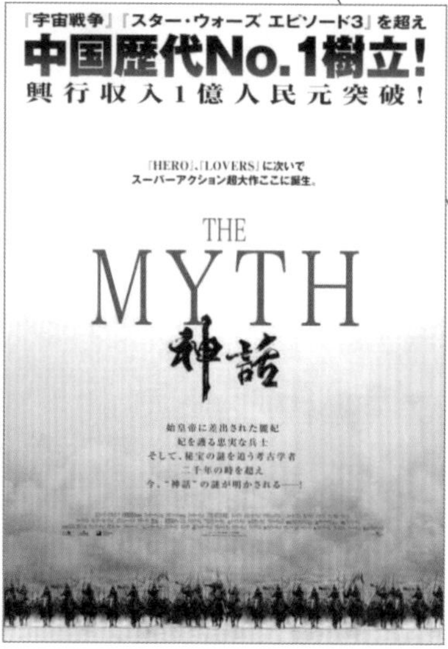

『宇宙戦争』『スター・ウォーズ エピソード3』を超え
中国歴代No.1樹立!
興行収入1億人民元突破!
「HERO」、「LOVERS」に次いで
スーパーアクション超大作ここに誕生。
THE MYTH 神話
始皇帝に差出された麗妃
妃を護る忠実な兵士
そして、秘宝の謎を追う考古学者
二千年の時を超え
今、"神話"の謎が明かされる——!

B

エンター・ザ・フェニックス

2006年6月3日公開

香港マフィアの跡取りには、他人に絶対言えない秘密があった!!

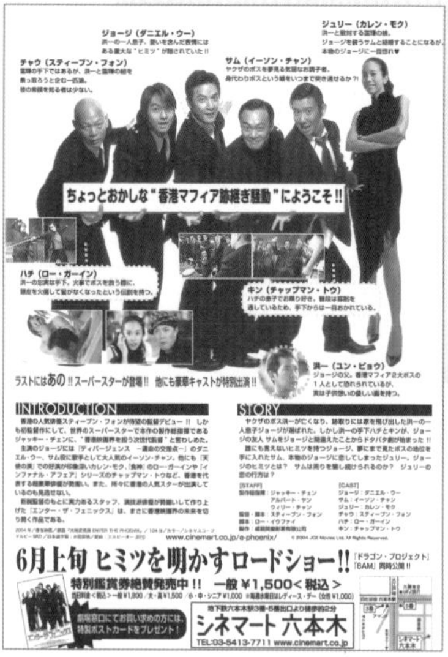

ちょっとおかしな"香港マフィア跡継ぎ騒動"にようこそ!!
ラストにはあの!!スーパースターが登場!! 他にも豪華キャストが特別出演!!
INTRODUCTION
STORY
6月上旬 ヒミツを明かすロードショー!!
特別鑑賞券絶賛発売中!! 一般¥1,500<税込>
シネマート 六本木
TEL:03-5413-7711 www.cinemart.co.jp

製作総指揮 ジャッキー・チェン
第一回監督作品 スティーブン・フォン
エンター・ザ・フェニックス

大佬愛美麗／
ENTER THE PHOENIX

プロジェクトBB

2007年4月7日公開

伝説のシリーズ復活?!——いま、空前の〝BB計画〟が動き出す!

香港返還10周年。ジャッキーが[香港]に還って来た!
ジャッキー・チェン×ユン・ピョウ×マイケル・ホイの3人組が動き出す!
いよいよ伝説の『プロジェクトA』シリーズ復活か……?!
プロジェクトBB
www.uipjapan.com
4月7日(土)全国ロードショー

$30,000,000
伝説のシリーズ復活?!——いま、空前の"BB計画"が動き出す!
3000万ドルを手にするのは誰だ?!
プロジェクトBB
ジャッキー・チェン主演 ベニー・チャン監督
www.uipjapan.com
4月7日(土)全国ロードショー

寶貝計劃／
ROB-B-HOOD

ラッシュアワー3

2007年8月25日公開

今度はパリが超ド級の大混乱!!

L.A.発
ヨーロッパ!
ジャッキー・チェン&クリス・タッカー
世界最強お騒がせ刑事コンビが贈る
アクション・エンターテインメント!
超ド級の大混乱
《ラッシュアワー》が、パリを直撃!!
ラッシュアワー3
2007年夏、全国ロードショー

JACKIE CHAN
CHRIS TUCKER
A BRETT RATNER FILM
RUSH HOUR
3
ラッシュアワー3
2007 SUMMER
www.RH3.jp

火拼時速3／
RUSH HOUR 3

ラッシュアワー3

このパワー約3倍!!!
(ラッシュアワー比)
史上最大の
大混乱到来!
謎の美女!
謎の刺客!
謎の巨人!
ラッシュアワー3
地上324m! エッフェル塔で
ジャッキー・チェン VS 真田広之
対決!
8.24(金) 先行上映決定! /25(土) ロードショー

ジャッキー・チェン
クリス・タッカー
今度は
パリが超ド級の
大混乱!!
ラッシュアワ
ブレット・ラトナー監督作品
ラッシュアワー3
www.RH3.jp

B

ドラゴン・キングダム

2008年7月26日公開

ジャッキー・チェン×ジェット・リー
最強タッグが挑む、最大の冒険!!

ジャッキー・チェン×ジェット・リー、ハリウッドが実現させた
奇跡の冒険
● 話題の最強タッグが世界を完全制覇中!
● 伝説の「如意棒」をめぐる、未知なるアドベンチャー!
DREAM TEAM
JJ
PROJECT 2008
7.26
ROADSHOW
新宿ピカデリー

ジャッキー・チェン×ジェット・リー
最強タッグが挑む、最大の冒険!!
無敵の帝国〈キングダム〉
呪いを解けるのは奴らだけ——
ドラゴン・キングダム
www.dragon-kingdom.jp
全米No.1!!——仲間たちは今、未知なるアドベンチャーへ旅立つ!
7.26
ROADSHOW

功夫之王／
THE FORBIDDEN KINGDOM

カンフー・パンダ

2008年7月26日公開

ここらで白黒つけようぜ!

功夫熊猫／
KUNG FU PANDA

A

B

新宿インシデント

2009年5月1日公開

ジャッキーが挑むドラマチック・バイオレンス

ジャッキーが"悪"に染まった!
もう一つの主役、新宿・歌舞伎町。
あなたの知らない日本が、ここにある!
香港・中国・日本のアジアの実力派スター、スタッフが新宿に集結!
SHINJUKU INCIDENT
5月1日(金)'衝撃'のロードショー!

ジャッキー・チェン最新作
新宿インシデント
SHINJUKU INCIDENT
5/1 ROADSHOW
ジャッキー・チェン製作、衝撃のアジアン・ノワール大作

新宿事件／
SHINJUKU INCIDENT

ダブル・ミッション

2010年6月19日公開

ジャッキー・チェン、ハリウッド進出30周年記念作品

表の顔は普通のセールスマン、しかし裏の顔は敏腕のCIAエージェント
ダブル・ミッション
www.w-mission.jp
6月19日(土)ロードショー!

JACKIE CHAN
ジャッキー・チェン、ハリウッド進出30周年記念作品
遂にハリウッドがジャッキー・アクションに敬意を表しました!!
ジャッキー・チェン引退!?
危険なシゴトか!? 愛する家族か?
ダブル・ミッション
LIONSGATE
www.w-mission.jp

一屋特工隊／
THE SPY NEXT DOOR

ベスト・キッド
2010年8月14日公開
あの伝説が北京で甦る！

父を亡くした少年と、哀しみを背負うカンフーの達人。
世界最高の師弟コンビが
新たな感動を生む!!
bestkid.jp
8月14日(土)より
ロードショー！

ジェイデン
スミス
ジャッキー
チェン
あの伝説が北京で甦る！
ベスト・キッド
bestkid.jp
8.14(土)ロードショー

功夫梦／
THE KARATE KID

ラスト・ソルジャー
2010年11月13日公開
逃げるが勝ち!!

構想20年
原案・製作総指揮・武術指導・主演
ジャッキー・チェン
入魂の傑作誕生
名もなき兵士と、一国の将軍。迫り来る敵から逃げ切れるか!?
ラスト・ソルジャー
11月13日(土)全国ロードショー

ジャッキー・チェン史上、No.1大ヒット!
逃げるが
勝ち!!
ジャッキー・チェン
ワン・リーホン
ラスト・ソルジャー
戦乱の中国。名もなき兵士と、その捕虜となった敵国の将軍。正反対な2人の奇想天外な旅が今始まる!!

大兵小將／
LITTLE BIG SOLDIER

大成龍祭2011

2011年4月10日公開

ジャッキー・チェン一気に見せます

カンフー・パンダ2

2011年8月19日公開

パンダ伝説、再び！

功夫熊猫 2 ／
KUNG FU PANDA 2

Ⓐ

カンフー・パンダ2

最高にパンダスティックな冒険の旅が始まる!
今年もアチョーい夏がやってくる!
あの食いしん坊のパンダのポーが帰ってきた!
こんな超高速3Dカンフーアクション観たことない!?
〈夏休み〉3Dを見るなら
決まり!
8月19日金 夏休み全国公開!!

パンダ伝説、再び!
2
8月19日金

B

1911

2011年11月5日公開

1911年10月10日、辛亥《しんがい》革命。
時代が変わった——その日。

「生きる」を物語る。
これは、夢と勇気と信念を抱いた人々が世界を動かしていく物語です。
2011年11月5日 全国超拡大ロードショー

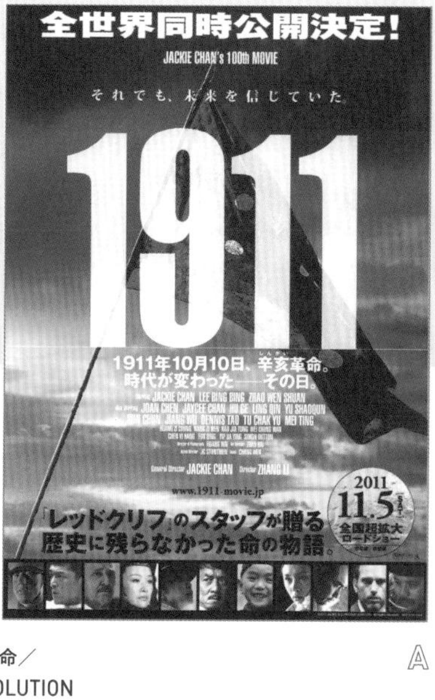
全世界同時公開決定!
JACKIE CHAN's 100th MOVIE
それでも、未来を信じていた
1911
1911年10月10日、辛亥革命。
時代が変わった——その日。
General Director JACKIE CHAN Director ZHANG LI
www.1911-movie.jp
2011 11.5 全国超拡大ロードショー
「レッドクリフ」のスタッフが贈る
歴史に残らなかった命の物語。

辛亥革命／
1911 REVOLUTION

A

1911

全世界同時公開決定!
100年前の強い想いが
100年後の私たちに、「生きる」を物語る──。
ラストエンペラーの時代
歴史を変えるドラマがあった──。
ジャッキー・チェン出演100作記念ページ開設!!
twitter.com/jc100jp
facebook.com/jc100jp
11月5日(土) 全国超拡大ロードショー

JACKIE CHAN's 100th MOVIE
1911年10月10日、辛亥革命。
歴史に残らなかった「命」の物語。
1911
JACKIE CHAN
ZHANG LI
本年度東京国際映画祭
特別オープニング作品
11.5 SAT
全国超拡大ロードショー
「レッドクリフ」のスタッフが贈る
本年度最高のスペクタクル巨編

B

新少林寺

2011年11月19日公開

新たなる伝説、誕生。

昭和から平成へ── 面白さそのまま
感動増量!
カンフーアクションの原点にして頂点が、"泣けるカンフー"として新たに誕生!
少林寺、炎上。壮絶な戦いの果てに待つ、男たちの運命は──
乞うご期待!
shaolin-movie.jp
11/19(土)ロードショー

守れ。
人々の希望のため──
新少林寺
SHAOLIN
アンディ・ラウ
ニコラス・ツェー
ジャッキー・チェン
『少林寺』から29年。カンフー映画の金字塔が豪華キャストで新たに蘇る!

新少林寺／
SHOAOLIN

A

新少林寺

少林寺、炎上
その時、命を懸けて人々を守った男たちの物語。
世界を席巻した伝説の映画が、21世紀に新たな映画として蘇る！
泣けるカンフー、誕生
アンディ・ラウ×ジャッキー・チェンでパワーアップ
夢の共演でアクションとドラマが見事に融合!!
乞うご期待！
SHAOLIN
shaolin-movie.jp
11.19(SAT)
TOHOシネマズ六本木ヒルズほか全国TOHOシネマズ系にてロードショー！

アンディ・ラウ
ニコラス・ツェー
ジャッキー・チェン
新少林寺
SHAOLIN
shaolin-movie.jp
新たなる伝説、誕生。

B

ライジング・ドラゴン

2013年4月13日公開

ジャッキー・チェン最後のアクション超大作！

これがリアル・ジャッキー・アクション!!
ジャッキー映画史上No.1メガヒットのアクション超大作、
ジャッキーの最高傑作がついに上陸!!
これが最後のジャッキー・チェン!!!
失われた十二支の秘宝を見つけ出せ！
子 丑 寅 卯 辰 巳 午 未 申 酉 戌 亥
ライジングドラゴン
4.13sat. 全国ロードショー

ジャッキーチェン最後のアクション超大作！
ライジング・ドラゴン
監督・製作・脚本・主演：ジャッキー・チェン
ジャッキー史上、歴代No.1超メガヒットの最高傑作!! 4.13

十二生肖／
CHINESE ZODIAC

A

ライジング・ドラゴン

これが最後の
リアル・ジャッキー
アクション!!
2013年4月
最高のアクション
最高のストーリー
最高の興奮が
やってくる!!
GET READY FOR RISING!!
4.13sat.ロードショー
角川シネマ有楽町
TOHOシネマズ六本木ヒルズ
新宿ミラノ

ジャッキー・チェン
最後のアクション超大作!
監督・主演 ジャッキー・チェン
ライジング・ドラゴン
2013.4.13 RISING!!

B

ポリス・ストーリー／レジェンド

2014年6月6日公開

自らの刑事人生《ポリス・ストーリー》に決着をつけるため、
ジャッキーが帰ってきた！

ジャッキー・チェン 超人気シリーズ
『ポリス・ストーリー』史上、最も壮絶なクライマックス
前代未聞の大量人質事件、発生——
自らの過去、最愛の娘を巻き込む生涯最悪の事件に、いかなる決着をつけるのか——!?
遂にあの刑事が伝説となる!
ポリス・ストーリー レジェンド
6/6(fri) 全国TOHOシネマズにてロードショー!

ジャッキー 誕生60年記念
そして、伝説へ——。
主演 ジャッキー・チェン
ポリス・ストーリー
レジェンド
自らの刑事人生に決着をつけるため、ジャッキーが帰ってきた!
シリーズ最新作にして最高傑作

警察故事 2013／
POLICE STORY

ファイアー・レスキュー

2014年10月11日公開

発電所大火災、香港大停電！

大火災の発電所に取り残された人々を救うため、消防士たちは火と煙の恐怖に立ち向かう。
男たちよ、命を救え!!
総製作費1億5000万HKドル(約22億円)
ジャッキー・チェンが本人役で友情出演
10月11日(土)より極限ロードショー
シネマート六本木
シネマート新宿
シネマート心斎橋

発電所大火災、香港大停電!
消火と救助に向かった男たちの勇気の物語
これが俺たちの誇り。
ニコラス・ツェー
ショーン・ユー
ファイアー・レスキュー
AS THE LIGHT GOES OUT
デレク・クォック監督作品

救火英雄／
AS THE LIGHT GOES OUT

ドラゴン・ブレイド

2016年2月12日公開

戦え、勇者たち。
愛と友情のために。

遥か遠い昔、シルクロードで…。
今、映画で初めて描かれる中国史最大の謎
空前のスケールと圧倒的な興奮と感動で贈る、
前人未到の歴史スペクタクル巨編！
ドラゴンブレイド
2/12(金)よりTOHOシネマズ全国ロードショー!
爆発的人気!

ジャッキー・チェン
ジョン・キューザック
エイドリアン・ブロディ
戦え、勇者たち。愛と友情のために。
DRAGON BLADE
ドラゴンブレイド
dragon-blade.com

天将雄師／
DRAGON BLADE

ドラゴン・ブレイド

凄い映画がやってくる!!
ドラゴン・ブレイド
2016年 新春公開！
dragon-blade.com

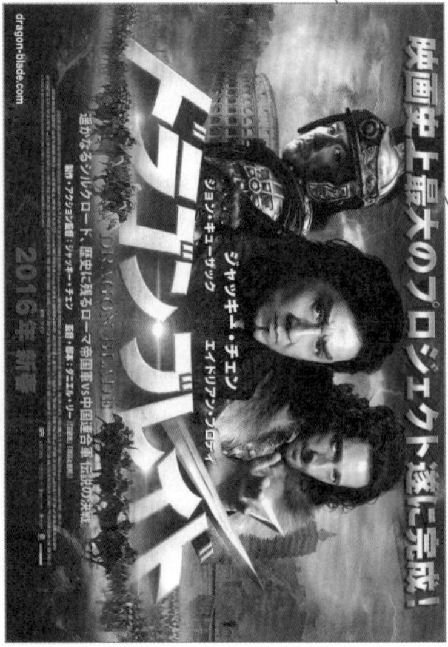

映画史上最大のプロジェクト遂に完成！
ドラゴン・ブレイド
DRAGON BLADE
ジャッキー・チェン
ジョン・キューザック
エイドリアン・ブロディ
2016年 新春
dragon-blade.com

B

カンフー・パンダ3

2016年8月26日公開

世界一有名なパンダが帰ってきた！

カンフーマスター全滅の危機!?
シリーズ最強の敵が登場!
平和の谷を守っていたマスター・ファイブと、龍の戦士のポー。だが、ウーグウェイ導師の気を吸い取ったカイがこの世界によみがえってしまう! カイは邪悪な力で中国のマスターたちの気を次々吸い取り、その魔の手はポーたちにも迫っていた――!
カイ
ポー
ポーが生き別れた父親と感動の再会!?
故郷のパンダ村へ大冒険!
行方不明だったポーの父親がついに登場!? 育ての親であるピンさんとポーの家族の絆は? さらに、謎に満ちたポーの故郷であるパンダ村が初めて明らかに――!
8/26(土)
ブルーレイ&DVD 発売決定!
7/1(土)より予約開始!
ブルーレイ&DVDの発売を記念して
8月26日(土)より
ユナイテッド・シネマ シネプレックスにて
特別上映!
CINEPLEX

世界一有名なパンダが帰ってきた！
大人気シリーズ、待望の最新作！
DREAMWORKS
カンフー・パンダ3
吹替版
カンフーマスターに史上最強の敵が迫る！
ブルーレイ&DVD デジタル配信
8月26日(土)より特別上映
ブルーレイ&DVD 8月26日(土)発売！

功夫熊猫 3／
KUNG FU PANDA 3

レイルロード・タイガー

2017年6月16日公開

俺たちに不可能はない!!
痛快鉄道アクション・コメディ!

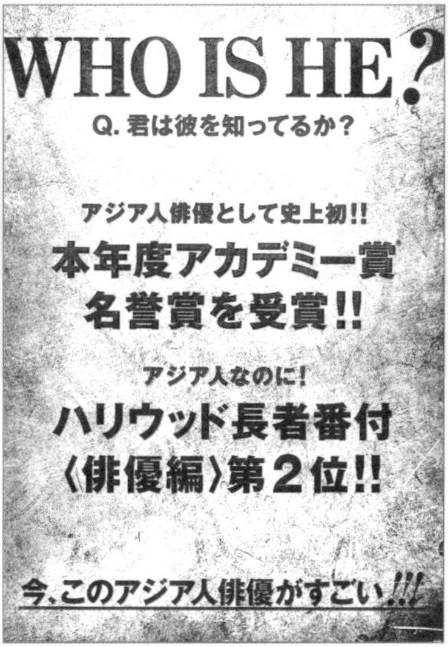

鐵道飛虎／
RAILROAD TIGERS

A

B

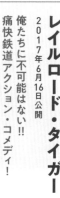

スキップ・トレース

2017年9月1日公開

世界を股にかけた逃亡劇！

『酔拳』『プロジェクトA』『スパルタンX』『ポリス・ストーリー／香港国際警察』『ラッシュアワー』『ベスト・キッド』『ライジング・ドラゴン』
映画史を彩る全てのジャッキー・チェン出演作品を越え
ジャッキー映画史上
最高のオープニング記録を樹立!!
MYCOP
なぜか一緒に追われる、アメリカ人詐欺師と香港警察の刑事。
相性最悪なコンビが、世界中を逃げまくる！
skiptrace-movie.jp @skiptrace_jp @skiptrace.jp #スキップトレース
スキップ・トレース
2017.9
ROADSHOW
ムビチケカード1,400円(税込)
4/29(土)より発売予定！
劇場窓口にてお買い求めの方に
〈特製マトリョーシカ〉をプレゼント！

ジャッキー
映画史上No.1の
新記録樹立!!
世界を股にかけた逃亡劇！
ジャッキー・チェン ジョニー・ノックスヴィル
スキップ・トレース
KADOKAWA
2017.9
Talent
Dasym
『ダイ・ハード2』『クリフハンガー』レニー・ハーリン監督最新作

絶地逃亡／
SKIPTRACE

A

『酔拳』『プロジェクトA』『スパルタンX』『ポリス・ストーリー』『ラッシュ・アワー』『ベスト・キッド』を越え
ジャッキー映画史上最高のオープニング記録を樹立した
世界逃亡バディ・アクション!!
[skiptrace]
ジャッキー・チェン×ジョニー・ノックスヴィル×ファン・ビンビン
×
ハリウッドアクション界の巨匠監督レニー・ハーリン
スキップ・トレース
skiptrace-movie.jp @skiptrace_jp @skiptrace.jp #スキップトレース
9.1[FRI] ROADSHOW
ムビチケカード
¥1,400(税込) 絶賛発売中！
劇場窓口でお求めの方に
＜特製マトリョーシカ＞を
プレゼント！

ジャッキー
映画史上No.1の
新記録樹立!!
香港の刑事とアメリカ人詐欺師、
相性最悪のコンビが世界中を逃げまくる！
ジャッキー・チェン ジョニー・ノックスヴィル
スキップ・トレース
9.1[FRI]
『ダイ・ハード2』『クリフハンガー』レニー・ハーリン監督最新作

B

レゴニンジャゴー　ザ・ムービー

2017年9月30日公開

目覚めろ、ヒーロー！

樂高旋風忍者電影／
THE LEGO NINJAGO MOVIE

A

B

カンフー・ヨガ

2017年12月22日公開

カンフーとヨガが出会う時、1400年の秘宝が蘇る！

ぶっちぎりNo.1スーパー・アクション・アドベンチャー
12月 全国ロードショー

その出会いは
今世紀最大の衝撃
ジャッキー・チェン
カンフー ヨガ
KUNG FU YOGA
12月 全国ロードショー

功夫瑜伽／
KUNG FU YOGA

A

正月、ついにカンフーとヨガが出会ってしまう!!
互いに長い歴史を持つ、中国に伝わるカンフーとインドに伝わるヨガ
これまで交わる事のなかった2つがついに相まみえる時が来た!
だが、それだけではない。
全編見せ場で全世界280億円突破!中国人とインド人23億人がブッたまげた!
正月No.1の超ハチャメチャで超ハイテンションな
スーパー・アクション・アドベンチャー、ここに爆誕!!
kungfuyoga.jp
12.22 [FRI] ROADSHOW

カンフーとヨガが
出会う時、
1400年の秘宝が蘇る!
カンフー ヨガ
KUNG FU YOGA
12.22 [FRI]
超ハチャメチャで超ハイテンションな
お正月No.1スーパー・アクションアドベンチャー

B

ナミヤ雑貨店の奇蹟　再生

2018年10月13日公開

今夜だけ、手紙は時を越える。
25年分の想いを伝えるために——

全世界累計1,200万部突破！
昨年公開の日本映画は動員100万人の大ヒット！
東野圭吾史上、
最も泣ける感動作が、
2018年
再びスクリーンに帰ってくる。
ワン・ジュンカイ
ディルラバ・ディルムラット
ドン・ズージェン
チン・ハオ
ジャッキー・チェン
豪華共演!!
Story
10月13日(土)
ロードショー

今夜だけ、手紙は時を越える。
25年分の想いを伝えるために
ナミヤ雑貨店の奇蹟
—再生—
全世界累計1,200万部、動員100万人の大ヒット、東野圭吾の名作再び。

解憂雑貨店／
NAMIYA

ポリス・ストーリー／REBORN

2018年11月23日公開

伝説が生まれ変わる

ジャッキー
完・全・復・活!!
11.23[金]
全国ロードショー
「ポリス・ストーリー」メモリアル・クリアファイル付き
ムビチケカード 絶賛発売中!

伝説が生まれ変わる
POLICE
ジャッキー・チェン
ポリス・ストーリー
REBORN

机器之血／
BLEEDING STEEL

ザ・フォーリナー／復讐者

2019年5月3日公開

いま、孤独が最強となる。

2大スター豪華共演×「007/カジノ・ロワイヤル」監督
世界待望のスタイリッシュ・サスペンス・アクション超大作
この孤独な戦いに終わりはあるのか
優しい人が、最恐。
5月3日(金・祝)
全国ロードショー

ジャッキー・チェン
ピアース・ブロスナン
いま、孤独が最強となる。
「007/カジノ・ロワイヤル」監督作品
ザ・フォーリナー
復讐者
THE-FOREIGNER.JP

英伦対決／
THE FOREIGNER

ナイト・オブ・シャドー魔法拳

2020年1月17日公開

愛と笑いが止まらない！
世にも不思議な妖怪退治!!

"レジェンド"ジャッキー・チェンが、
今度は文豪妖怪ハンターだ！
奇想天外なアクション炸裂!!
人間VS妖怪
2020年1月 全国ロードショー！
ムビチケカード発売中！
一般¥1,400

ジャッキー・チェン 待望の最新作
愛と笑いが止まらない！
世にも不思議な妖怪退治!!
ナイト・オブ・シャドー
魔法拳

神探蒲松齢／
THE KNIGHT OF SHADOWS：BETWEEN YIN AND YANG

A

ナイト・オブ・シャドー
魔法拳

“レジェンド”ジャッキー・チェンが、
今度は文豪妖怪ハンターだ!
奇想天外なアクション炸裂!!
人間vs妖怪
超豪華声優陣!!(吹替え版)
2020年1月17日(金)
ロードショー!
TOHOシネマズ日比谷

成龍
神探蒲松齡
The Knight of Shadows
Between Yin and Yang

B

モランマ登頂
世界最高峰に挑んだ
山隊の奇跡の実話。
人はなぜ最高峰の山頂を目指すのか?
プロデューサー
ツイ・ハーク
主演
ウー・ジン
出演
チャン・ツィイー
友情出演
ジャッキー・チェン
アジアを代表するキャストと世界最高峰のVFXで贈る山岳エンターテイメント超大作!
9/25 FRI
全国共通特別鑑賞券
1,400円(税込)発売中!
シネ・リーブル梅田

ツイ・ハーク ウー・ジン チャン・ツィイー ジャッキー・チェン
エベレスト登頂
高度8848mに挑む超弩級の
山岳エンターテイメント!
クライマーズ

クライマーズ
2020年9月25日公開
エベレスト登頂——高度8848mに挑む
超弩級の山岳エンターテイメント!

攀登者／
THE CLIMBERS

プロジェクトV

2021年5月7日公開

ジャッキーアクション集大成。
今、空前のミッションが動き出す。

JACKIE CHAN — ALL TIME ACTION LEGEND
オールタイムアクションレジェンド ジャッキー・チェン
ジャッキー集大成映画が、全世界を席巻!
あのときがよみがえる!驚愕・笑い・超元気が出るアクション映画がここに誕生!
5月7日(金)全国ロードショー

全世界大ヒット超大作
プロジェクトV
VANGUARD
ジャッキーアクション集大成。今、空前のミッションが動き出す。

急先鋒／
VANGUARD

レジェンド・オブ・ドラゴン 鉄仮面と龍の秘宝

2021年10月29日公開

2大スター激突!
世界を駆け巡るアクション・アドベンチャー大作

アーノルド・シュワルツェネッガー VS ジャッキー・チェン
夢の2大アクション・スター激突!
ドラゴンの秘宝を巡るアクション・アドベンチャー大作!
のむコレ'21 順次公開
シネマート新宿
シネマート心斎橋

ジャッキー・チェン VS シュワルツェネッガー
託された龍の秘宝は誰の手に―
レジェンド・オブ・ドラゴン
鉄仮面と龍の秘宝
2大スター激突!世界を駆け巡るアクション・アドベンチャー大作

龙牌之谜／
VIY 2 : JOURNEY TO CHINA / THE MYSTERY DRAGON SEAL

A

レジェンド・オブ・ドラゴン
鉄仮面と龍の秘宝

アーノルド・シュワルツェネッガー VS ジャッキー・チェン
夢の2大アクション・スター激突!
ドラゴンの秘宝を巡るアクション・アドベンチャー大作!
『レジェンド・オブ・ヴィー 妖怪村と秘密の棺』から6年! スケールアップして新しい物語が始まる
のむコレ'21
10月22日(金)よりSTART
順次公開
シネマート新宿
シネマート心斎橋

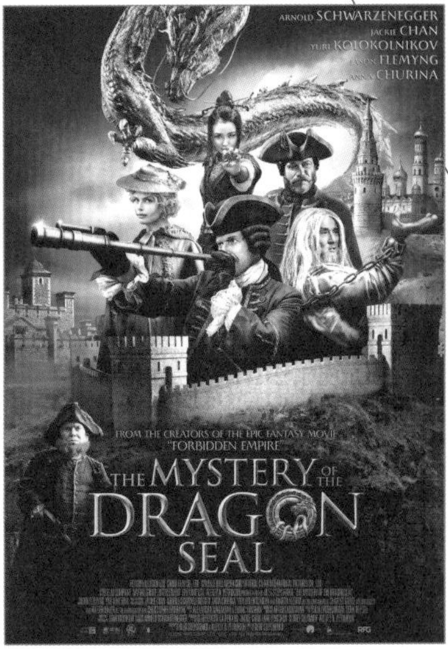
ARNOLD SCHWARZENEGGER
JACKIE CHAN
YURI KOLOKOLNIKOV
JASON FLEMYNG
ANNA CHURINA
FROM THE CREATORS OF THE EPIC FANTASY MOVIE
"FORBIDDEN EMPIRE"
THE MYSTERY OF THE DRAGON SEAL

B

ミュータント・タートルズ：
ミュータント・パニック！

2023年9月22日公開

ニューヨーク住みのカメ4人。新時代のニューヒーロー爆誕！

新世代カメたちの新たな冒険が始まる!
NINJA TURTLES
映画・アニメ・ファッションなどを通じ世界的ポップカルチャーアイコンとして
幅広い世代から支持を集める『ミュータント・タートルズ』。
タートルズの大ファンを公言し、今ハリウッドで最もホットな俳優・プロデューサーである
セス・ローゲンが[カメ愛]を注ぎ込んで作り出す《新世代タートルズ》にご期待ください!!!
9.22全国公開

ミュータント・タートルズ
ミュータント・パニック!
ニューヨーク住みのカメ4人。新時代のニューヒーロー爆誕!
9.22(金)公開

忍者亀：變種大亂鬥／
TEENAGE MUTANT NINJA TURTLES: MUTANT MAYHEM

ライド・オン
2024年5月31日公開
これが人生の集大成

これが人生の集大成
アクション、ときどき涙。
TO THE MOVIES
ジャッキー・チェン50周年記念アクション超大作
RIDE ON
ライド・オン
STORY
STAFF
CAST
5月31日(金)
〈人生の集大成〉ロードショー
数量限定特典付き
集大成龍カード
ムビチケ好評発売中!
1,600円

いつも彼はそこにいた。
人生はアクション、ときどき涙。
ライド・オン POINT 1
ジャッキー・チェン 50周年記念アクション超大作&70歳の集大成!
初のスタントマン役×旧作名場面のメドレーで"究極のエンタメ作品誕生"
ライド・オン POINT 2
アクション、笑い、ドラマ
これぞ映画の黄金比率。理屈抜きに楽しむ!
ライド・オン POINT 3
父と娘、愛馬との感涙のドラマ
ライド・オン POINT 4
ジャッキーアクション健在!
史上最強の70歳
ライド・オン POINT 5
声優界のレジェンド・石丸博也さんが
「ライド・オン」日本語吹替版で限定復活!
ジャッキー・チェン50周年記念アクション超大作
昭和・平成・令和を駆け抜けた世界のアクションレジェンド、究極の集大成ここに誕生。
アジア作品も
hulu

龍馬精神／
RIDE ON

伝説は続く

ツイン・ドラゴン
THE TWINS EFFECT
タキシード
THE DITE
FOOD OF THE GODS
MARTIAL ARTS
WATCHERS
五福星
THE CANNONBALL RUN
キャノンボール
JACKY CHAN

第4章

ジャッキー・チェン 70年の歴史を追う 大年表

「人に歴史あり。」
ジャッキーが歩んできた足跡を年表形式で辿る

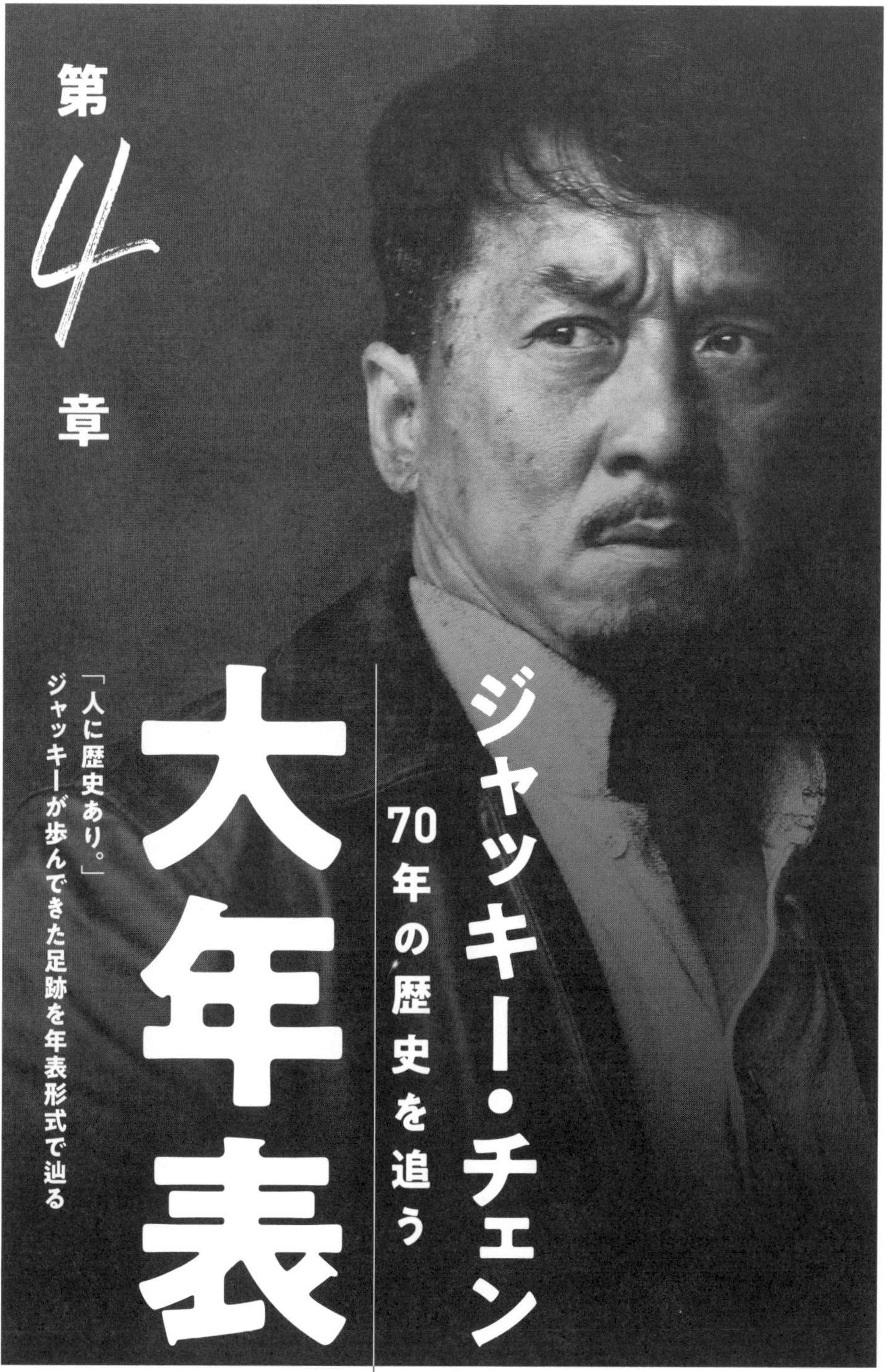

1960（6歳）〜1954（0歳）／1961（7歳）／1962（8歳）

出演・製作期間

1954年 4月7日、香港ヴィクトリア・ピークで誕生

生まれるまでに12カ月かかっており12ポンドで生まれた。チャールズ・チャンとリリー・チャンの子として生まれ、名前をチャン・ゴンサン（陳港生）と名付けられたが、ポーポー（大砲）というニックネームで呼ばれた。その後、フランス領事館内の小屋で暮らす。父親から洪家拳を教わる。小学校へ入学するが1年生で落第⇩父親が失業⇩父親の仕事の関係でオーストラリアへ⇩中国戯劇学院へ入学する。（マスター于占元〈ユー・イエムユン〉のもとユン・ラウの名で七小福として活躍。于占元の養子となった時期もあった）

出稼ぎに行く父と
1.マフィアには入らない
2.麻薬には手を出さない
3.博打はやらない
という**3**つの約束をする

中国戯劇学院に在籍

- 1962年5月：大小黄天覇 — **スクリーンデビュー**
- 1962年6月：小龍女三戯白蛇精

世界の出来事

- 1956年 1月「MP&GI（國際電影懋業公司）」設立
- 1959年 ショウ・ブラザーズ設立
- 1960年 1月、日本で千葉真一TV「新七色仮面」初主演
- 1961年1月：日本で千葉真一、映画「風来坊探偵 赤い谷の惨劇」で初主演
- 1961年2月：チャールズ・チャップリン、（4度目の）来日
- 1962年4月：日本で勝新太郎「座頭市」シリーズ開始

1965（11歳）／1966（12歳）／1967（13歳）

出演・製作期間

- 1966年1月：大酔侠
- 1966年2月：バスター・キートン死去
- 1966年6月：兩湖十八鏢
- 1967年6月：残酷ドラゴン 血斗竜門の宿 — 東南アジア一帯で空前の大ヒット

ショウブラザーズ黄金期

中国戯劇学院に在籍

世界の出来事

- 1965年1月：ショウ・ブラザーズが清水湾に巨大スタジオ〈邵氏影城〉を建設
- 1965年11月：ジャン＝ポール・ベルモンド主演「カトマンズの男」仏公開
- 1966年1月：ショウ・ブラザーズ、剣劇映画やクンフー映画のジャンルに進出
- 1966年4月：**「大酔侠」香港公開**
- 1966年6月：千葉真一主演・日本・台湾合作映画「カミカゼ野郎 真昼の決斗」日本公開
- 1966年9月：ブルース・リー米TV「グリーン・ホーネット」で準主役
- 1967年4月：「日曜洋画劇場」放送開始

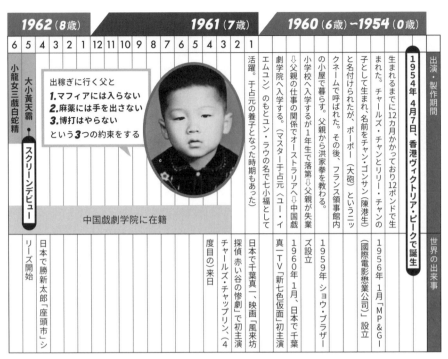

年	月	出演・製作期間	世界の出来事
1964（10歳）	10		東京オリンピック開催
1964（10歳）	6–9		MP&GIの首脳陣が飛行機事故に遭い製作陣を一気に失い、70年に香港映画界から撤退
1964（10歳）	6	梁山伯與祝英台	
1964（10歳）	5	魚美人	
1964（10歳）	2–3		ジャン＝ポール・ベルモンド主演「リオの男」仏公開
1963（9歳）	11		ケネディ大統領暗殺
1963（9歳）	7	秦香蓮	
1963（9歳）	6	碧血金釵	
1963（9歳）	5	猴子兵華山救駕	
1963（9歳）	4	于占元の養子に	
1963（9歳）	3	中国戯劇学院の祖、マスター	
1963（9歳）	1–2		第7回東宝映画祭が香港で開催
1962	12		「大小黄天覇」香港公開
1962	11		「007は殺しの番号」公開
1962	10		007シリーズ第1作
1962	7		三船プロダクション設立

中国戯劇学院に在籍

ユン・ロン（元龍〈現サモ・ハン〉）、ユン・ワー（元華）、ユン・クワイ（元奎）、ユン・モウ（元武）、ユン・タイ（元泰）、ユン・ピョウ（元彪）、ユン・ラウ（元樓〈現ジャッキー〉）からなる七小福として活躍

年	月	出演・製作期間	世界の出来事
1969（15歳）	11–12		レイモンド・チョウがショウ・ブラザーズを離脱
1969（15歳）	7		アポロ11号月面着陸
1969（15歳）	6	荒江女侠	
1968（14歳）	6	侠女	
1968（14歳）	4	「2001年宇宙の旅」日本公開	
1968（14歳）	4–5		日本でTVドラマ「キイハンター」放送開始
1968（14歳）	2–3		三船プロと石原プロ合作「黒部の太陽」公開
1967	7–8		ジミー・ウォング「片腕必殺拳」香港公開

ショウブラザーズ黄金期

中国戯劇学院に在籍

1970（16歳）／1971（17歳）／1972（18歳）

出演・製作期間

- 1970年5〜6月：鬼怒川
- 1970年7〜8月：レディ・ブレイド

- 1970年〜1971年：中国戯劇学院に在籍　1971年2月に卒業
- 1971年3月：悪虎村
- 1971年3月：ハロルド・ロイド死去
- 1971年6月：金毛獅王
- 1971年8月：埋伏
- 1971年10〜11月：ドラゴン怒りの鉄拳

- 1971年12月：蕩冠灘
- 1972年1月：唐人客
- 1972年4月：女活殺拳

出来事

- 1970年4月：ゴールデンハーベスト社設立
- 1971年11月：「侠女」香港公開
- 1972年3月：「ドラゴン怒りの鉄拳」香港公開

1975（21歳）／1976（22歳）／1977（23歳）

出演・製作期間

- 1975年3〜4月：拍案驚奇
- 1975年5月：レディクンフー 密宗聖拳
- 1975年6〜7月：ジャッキーチェンの秘龍拳／少林門

- 1975年8月〜1976年3月：オーストラリアへ
- 1976年3月：レッド・ドラゴン 新・怒りの鉄拳

- 1976年6月：少林寺木人拳

- 1976年10〜11月：ファイナル・ドラゴン

- 1977年1月：少林寺怒りの鉄拳
- 1977年4月：龍蛇侠彰
- カンニング・モンキー／天中拳

- 蛇鶴八拳

- 成龍拳

出来事

- 1975年5月：ウィリー・チャンと出会う
- 1976年1月：「金瓶梅」日本公開
- 1976年3月：ロー・ウェイプロと契約
- 1976年5〜6月：芸名を「陳元龍」より「成龍」へ改名
- 1976年7月：「秘龍拳／少林門」「レッド・ドラゴン」香港公開
- 1976年11月：「少林寺木人拳」香港公開
- 1977年3月：撮影中に鼻をケガ
- 1977年5月：「ファイナル・ドラゴン」台湾公開
- 1977年6月：「ファイナル・ドラゴン」韓国公開

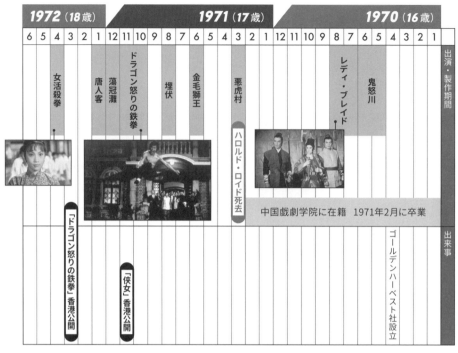

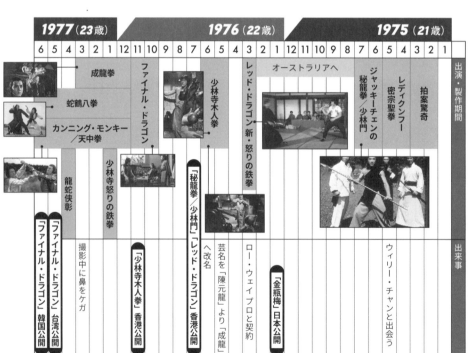

1974（20歳） 1973（19歳） 1972

12 11 10 9 8 7 6 5 4 3 2 1 / 12 11 10 9 8 7 6 5 4 3 2 1 / 12 11 10 9 8 7

出演・製作期間

オーストラリアへ

花飛滿城春

初主演作品

タイガープロジェクト／ドラゴンへの道 序章（燃えよジャッキー拳）

カラテ愚連隊

空手ヘラクレス

四王一后

金瓶梅

小偷門大賊

満州人

燃えよドラゴン

ブルース・リー死去

ドラゴンファイター

痛快！スーパードラゴンダブルK

ファイティング・マスター

初の準主演

北地胭脂

鐵娃

石破天驚

麒麟掌

忠烈図

出来事

「空手ヘラクレス」日本公開

サモ・ハン・キンポーの助手

「残酷ドラゴン 血斗竜門の宿」日本公開（68年に北海道と中京地区では公開済）

「ドラゴン怒りの鉄拳」日本公開

「アンジェラ・マオの女活殺拳」日本公開

「金瓶梅」香港公開

「燃えよドラゴン」日本公開

「燃えよドラゴン」全米公開

「燃えよドラゴン」香港公開

「ドラゴンファイター」香港公開

「ファイティング・マスター」香港公開

1979（25歳） 1978（24歳） 1977

12 11 10 9 8 7 6 5 4 3 2 1 / 12 11 10 9 8 7 6 5 4 3 2 1 / 12 11 10 9 8 7

出演・製作期間

ヤング・マスター／師弟出馬

醒拳

三十六迷形拳

舞拳

豚だカップル拳

クレージー・モンキー／笑拳

鬼手十八翻

ドランクモンキー酔拳

龍拳

拳精

百戦保山河（武術指導のみ）

スネーキーモンキー蛇拳

カンニング・モンキー／天中拳

蛇鶴八拳

飛龍神拳

出来事

初来日

「スネーキーモンキー蛇拳」日本公開

アメリカへ

「ドランクモンキー酔拳」日本公開

「龍拳」香港公開

「クレージー・モンキー／笑拳」香港公開

「クレージー・モンキー／笑拳」「カンニング・モンキー／天中拳」「龍拳」台湾公開

「拳精」香港公開

「ドランクモンキー酔拳」香港公開

「飛龍神拳」香港公開

「スネーキーモンキー蛇拳」「蛇鶴八拳」香港公開

チャールズ・チャップリン死去

「蛇鶴八拳」香港プレ上映

「成龍拳」香港公開

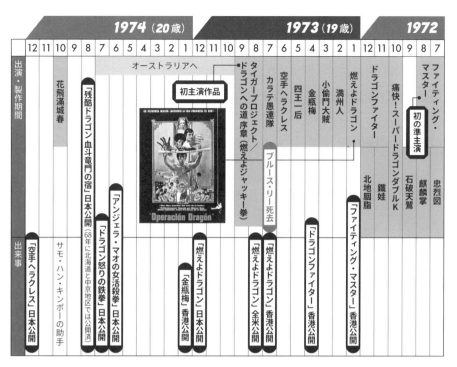

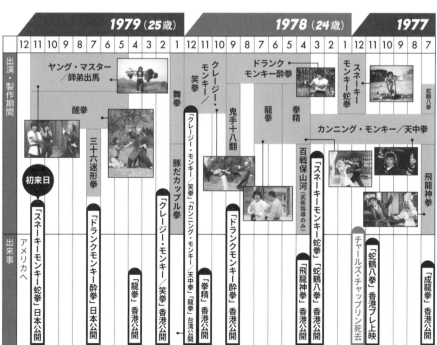

1980（26歳）

1	2	3	4	5	6	7	8	9	10	11	12

出演・製作期間

バトルクリーク・ブロー

「クレージー・モンキー／笑拳」日本公開

キャノンボール

出来事

アメリカへ

初の年間1位を獲得！

「ヤング・マスター／師弟出馬」香港公開

両親のために家を購入

「拳精」日本公開

「カンニング・モンキー／天中拳」香港公開

日本でファンクラブ設立

来日

「バトルクリーク・ブロー」各国で公開

1981（27歳）

1	2	3	4	5	6	7	8	9	10	11	12

出演・製作期間

ドラゴンロード

出来事

「少林寺木人拳」日本公開

「ヤング・マスター／師弟出馬」日本公開

「さすらいのカンフー」で歌手デビュー

「キャノンボール」全米公開

1982（28歳）

1	2	3	4	5	6

出来事

「キャノンボール」日本公開

「ドラゴンロード」香港公開

「龍拳」日本公開

香港に家を建てる

来日

「ドラゴンロード」日本公開

1985（31歳）

1	2	3	4	5	6	7	8	9	10	11	12

出演・製作期間

大福星

七福星

ポリス・ストーリー
香港国際警察

ファースト
ミッション

出来事

「香港発活劇エクスプレス大福星」香港公開

「プロテクター」日本公開

来日

「プロテクター」全米公開「七福星」香港公開

来日

香港発活劇エクスプレス「大福星」日本公開

来日

「ファースト・ミッション」日本公開

来日

「ファースト・ミッション」香港公開

「ポリス・ストーリー／香港国際警察」香港・日本公開

1986（32歳）

1	2	3	4	5	6	7	8	9	10	11	12

出演・製作期間

サンダーアーム／龍兄虎弟

クラッシュ・エンジェルス
失われたダイヤモンド
特別出演

出来事

「ジャッキー・チェンの醒拳」日本公開

ポリス・ストーリー香港国際警察で第5回香港電影金像奨で最優秀作品賞と最優秀アクション設計賞を受賞

来日

「サンダーアーム／龍兄虎弟」日本公開

1987（33歳）

1	2	3	4	5	6

出演・製作期間

プロジェクトA2／
史上最大の標的

出来事

「サンダーアーム／龍兄虎弟」香港公開

来日

サッカードリームカップで明石家さんま率いる「ザ・ミイラ」と対戦

「プロジェクトA2／史上最大の標的」香港公開

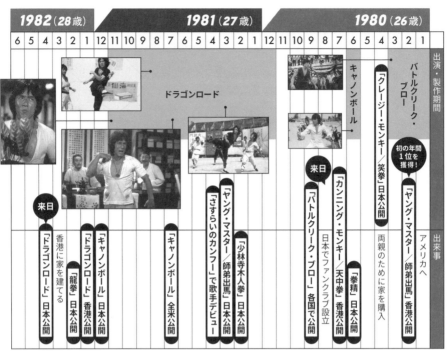

1982

1983（29歳）

1984（30歳）

12 11 10 9 8 7 6 5 4 3 2 1 12 11 10 9 8 7 6 5 4 3 2 1 12 11 10 9 8 7

出演・製作期間

プロジェクトA

ドラゴン特攻隊

五福星

新ポリス・ストーリー PomPom 特別出演

キャノンボール2

スパルタンX

プロテクター

大福星

出来事

- ジョアン・リンと結婚。ジェイシー・チャン誕生。
- 「ドラゴン特攻隊」香港公開「蛇鶴八拳」日本公開
- 来日
- 「ジャッキー・チェンの醒拳」香港公開
- 「五福星」香港公開
- 「カンニング・モンキー／天中拳」日本公開
- 来日
- 「プロジェクトA」香港公開「ドラゴン特攻隊」「キャノンボール2」日本公開
- 自伝「愛してポーポー」日本発売
- 「プロジェクトA」日本公開
- 「成龍拳」日本公開
- 来日
- 「キャノンボール2」全米公開
- サモ・ハン、ユン・ピョウと共に来日。武道館コンサートを行う
- 「スパルタンX」香港公開「五福星」日本公開
- 「スパルタンX」日本公開
- 来日
- 大福星を日本でロケする

1987

1988（34歳）

1989（35歳）

12 11 10 9 8 7 6 5 4 3 2 1 12 11 10 9 8 7 6 5 4 3 2 1 12 11 10 9 8 7

出演・製作期間

ポリス・ストーリー2 九龍の眼

サイクロンZ

奇蹟／ミラクル

出来事

- 来日
- 「プロジェクトA2／史上最大の標的」日本公開
- 琵琶湖の祭典に出席
- 西城秀樹と熱唱
- 「七福星」日本公開
- 「サイクロンZ」香港公開
- プロジェクトA2／史上最大の標的で第7回香港電影金像奨で最優秀アクション設計賞を受賞
- 「サイクロンZ」日本公開
- 「ポリス・ストーリー2 九龍の眼」香港・日本公開
- 全治1カ月のケガ
- ポリス・ストーリー2九龍の眼で第8回香港電影金像奨で最優秀アクション設計賞を受賞
- 来日
- 「奇蹟／ミラクル」香港公開
- 「奇蹟／ミラクル」日本公開

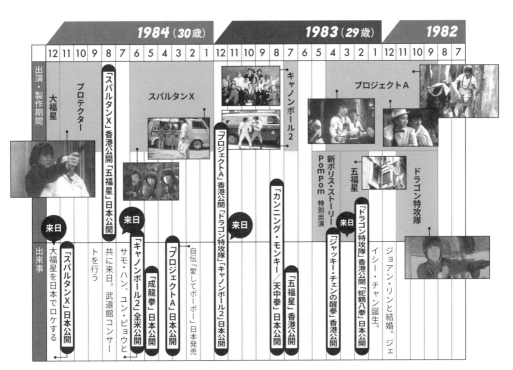

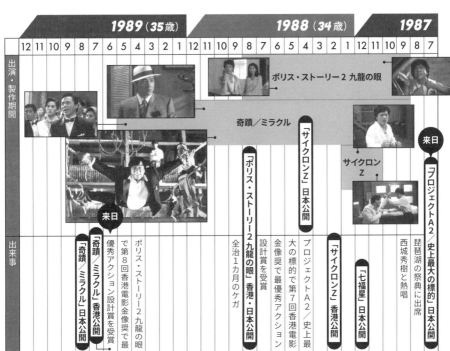

1990（36歳）・1991（37歳）・1992（38歳）

1992						1991												1990											
6	5	4	3	2	1	12	11	10	9	8	7	6	5	4	3	2	1	12	11	10	9	8	7	6	5	4	3	2	1

出演・製作期間

プロジェクト・イーグル

香港魔界大戦 カメオ出演

炎の大捜査線

ツイン・ドラゴン

ポリス・ストーリー3

出来事

成家班解散

奇蹟／ミラクルで第9回香港電影金像奨で最優秀アクション設計賞を受賞

来日

「プロジェクト・イーグル」香港公開

「プロジェクト・イーグル」日本公開

「炎の大捜査線」香港公開

「ツイン・ドラゴン」香港公開

来日

「ストロンゲスト 史上最強の映画スターは誰だ!?」日本公開

「ツイン・ドラゴン」「炎の大捜査線」日本公開

1995（41歳）・1996（42歳）・1997（43歳）

1997						1996												1995											
6	5	4	3	2	1	12	11	10	9	8	7	6	5	4	3	2	1	12	11	10	9	8	7	6	5	4	3	2	1

出演・製作期間

デッドヒート

ファイナル・プロジェクト

ナイスガイ

アラン・スミシー・フィルム 特別出演

WHO AM I?

出来事

「レッド・ブロンクス」香港公開

デッドヒートを日本でロケする

「プロジェクトS」日本公開

酔拳2で第14回香港電影金像奨最優秀アクション設計賞を受賞

MTVムービー&ミュージックアワード功労賞受賞

来日

「デッドヒート」香港公開「レッド・ブロンクス」日本公開

来日

デッドヒートで第32回金馬奨最優秀アクション設計賞を受賞

「ファイナル・プロジェクト」香港公開

「デッドヒート」日本公開

ファイナル・プロジェクトで第33回金馬奨最優秀アクション設計賞を受賞

来日

「ファイナル・プロジェクト」日本公開

ロサンゼルス・チャイニーズシアターに手・足・鼻型を刻む

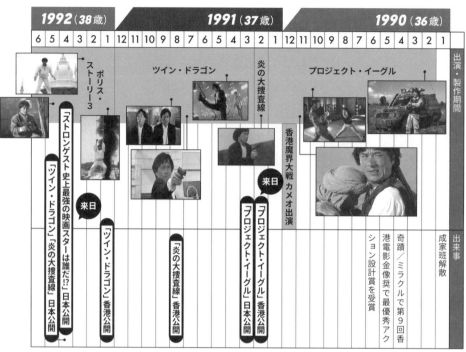

1992　1993（39歳）　1994（40歳）

	7	8	9	10	11	12

出演・製作期間

シティーハンター

新ポリス・ストーリー

酔拳2

レッド・ブロンクス

プロジェクトS カメオ出演

出来事

「ポリス・ストーリー3」香港公開

ポリス・ストーリー3で第29回金馬奨最優秀主演男優賞を受賞

「ポリス・ストーリー3」日本公開

来日

「シティーハンター」香港公開

「シティーハンター」日本公開

「新ポリス・ストーリー」香港公開

「プロジェクトS」香港公開

「新ポリス・ストーリー」日本公開

新ポリス・ストーリー第30回金馬奨最優秀主演男優賞を受賞

「酔拳2」香港公開

右足首骨折

酔拳2で第31回金馬奨最優秀アクション設計賞を受賞

「酔拳2」日本公開

1997　1998（44歳）　1999（45歳）

出演・製作期間

WHO AM I?

ラッシュアワー

ゴージャス

喜劇王 カメオ出演

（同じスタジオで撮影していたチャウ・シンチーの「喜劇王」にカメオ出演。代わりにシンチーも「ゴージャス」にカメオ出演した）

ジェネックス・コップ カメオ出演

シャンハイ・ヌーン

出来事

来日

ジャッキーズキッチン1号店名古屋で開店

ナイスガイで第34回金馬奨最優秀アクション設計賞を受賞

「WHO AM I?」香港公開

8日 于占元（ユー・イエムユン）死去

「アラン・スミシー・フィルム」全米公開

「ナイスガイ」全米・日本公開

来日

「ラッシュアワー」全米公開

WHO AM I?で第35回金馬奨最優秀アクション設計賞を受賞

「ラッシュアワー」日本公開

来日

「ゴージャス」「喜劇王」香港公開

WHO AM I?で第18回香港電影金像奨最優秀アクション設計賞を受賞

来日

自伝「I AM JACKIE CHAN」日本発売

「ジェネックス・コップ」香港公開

来日

「WHO AM I?」日本公開

「ゴージャス」日本公開

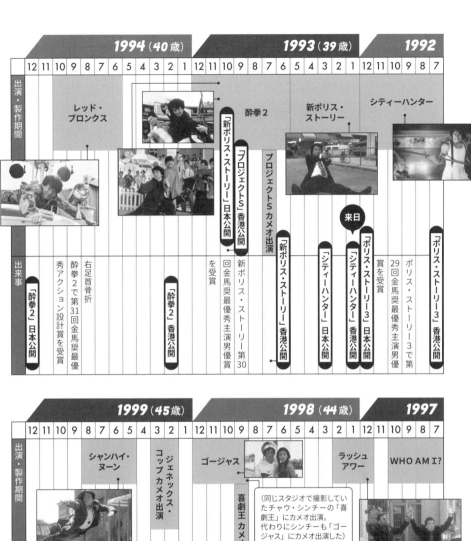

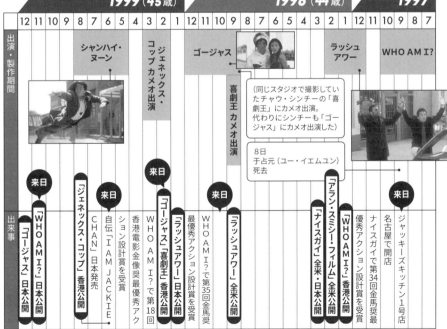

2000（46歳）・2001（47歳）・2002（48歳）

出演・製作期間

- アクシデンタル・スパイ

- ラッシュアワー2

- メダリオン

- タキシード

- シャンハイ・ナイト

出来事

- 2000年1月　韓国ソウルの名誉市民となる
- 2000年2月　「ジェネックス・コップ」日本公開
- 2000年4月　手首損傷
- 2000年5月　「シャンハイ・ヌーン」全米公開／「喜劇王」日本公開
- 2000年8月　「シャンハイ・ヌーン」日本公開
- 2000年9月　「ジャッキー・チェンアドベンチャー」米放送開始
- 2001年2月　「アクシデンタル・スパイ」香港公開
- 2001年8月　「ラッシュアワー2」全米公開
- 2001年9月　「ラッシュアワー2」日本公開
- 2001年11月　「アラン・スミシー・フィルム」日本公開
- 2001年12月　来日　「アクシデンタル・スパイ」日本公開
- 2002年2月　母親、リリー・チャン死去
- 2002年3月　ワイヤー切断事故で左目を負傷

2005（51歳）・2006（52歳）・2007（53歳）

出演・製作期間

- ドラゴン・キングダム

- ラッシュアワー3

- プロジェクトBB

出来事

- 2005年2月　来日　「香港国際警察 NEW POLICE STORY」日本公開
- 2005年3月　「失われた龍の系譜／トレース・オブ・ア・ドラゴン」日本公開
- 2005年4月　米TIME誌の名作100選で酔拳2が選出される
- 2005年6月　パリ市から名誉文化メダル授与
- 2005年8月　「花都大戦ツインズ・エフェクトII」日本公開
- 2005年9月　「THE MYTH 神話」香港公開／香港国際警察 NEW POLICE STORYで中国金鶏賞最優秀主演男優賞を受賞
- 2006年2月　来日　東京・日比谷の合歓の広場に手形
- 2006年3月　「THE MYTH 神話」日本公開
- 2006年5月　全財産の半分を慈善事業に寄付する遺言作成
- 2006年6月　「エンター・ザ・フェニックス」日本公開
- 2006年9月　「プロジェクトBB」香港公開
- 2006年11月　胸を負傷
- 2007年4月　「プロジェクトBB」日本公開

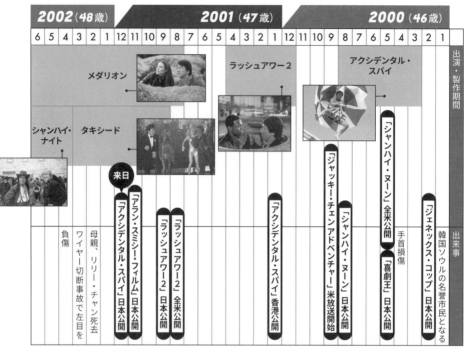

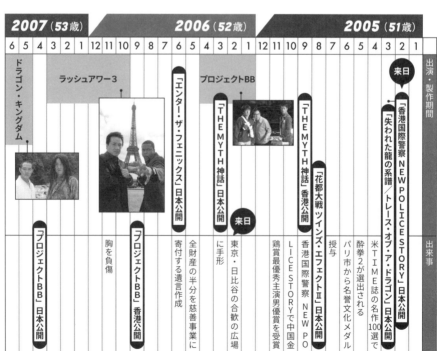

2004（50歳） **2003（49歳）** **2002**

12 11 10 9 8 7 6 5 4 3 2 1 12 11 10 9 8 7 6 5 4 3 2 1 12 11 10 9 8 7

出演・製作期間

- シャンハイ・ナイト
- メダリオン
- ツインズ・エフェクト 特別出演
- 80デイズ
- エンター・ザ・フェニックスカメオ出演
- 香港国際警察 NEW POLICE STORY
- 花都大戦ツインズ・エフェクトⅡ 特別出演
- THE MYTH 神話

出来事

- メジャーリーグの始球式を務める
- 「タキシード」全米公開
- ハリウッドWalk of Fameに殿堂入り
- 「シャンハイ・ナイト」全米公開
- 「タキシード」日本公開
- 「ツインズ・エフェクト」香港公開
- 「メダリオン」全米・香港公開
- JCE設立
- 「シャンハイ・ナイト」日本公開
- 「ツインズ・エフェクト」日本公開
- 「エンター・ザ・フェニックス」香港公開
- 来日
- 「80デイズ」全米公開「メダリオン」日本公開
- 「花都大戦ツインズ・エフェクトⅡ」香港公開
- 「香港国際警察 NEW POLICE STORY」香港公開
- 第41回香港電影金像奨金馬奨最優秀アクション設計賞を受賞
- 「80デイズ」日本公開

2009（55歳） **2008（54歳）** **2007**

12 11 10 9 8 7 6 5 4 3 2 1 12 11 10 9 8 7 6 5 4 3 2 1 12 11 10 9 8 7

出演・製作期間

- ドラゴン・キングダム
- 新宿インシデント
- ダブル・ミッション
- ジャッキー・チェンを探して 特別出演
- ラスト・ソルジャー
- 建国大業 特別出演
- ベスト・キッド

出来事

- 来日
- 「ラッシュアワー3」全米・日本公開
- マネージャー、ウィリー・チャンが事務所を退職
- 父親チャールズ・チャン死去
- メジャーリーグの始球式を務める
- 「ドラゴン・キングダム」全米・香港公開
- 北京五輪聖火ランナーを務める
- 「カンフー・パンダ」全米公開
- 来日
- 「ドラゴン・キングダム」「カンフー・パンダ」日本公開
- 来日
- 「新宿インシデント」香港公開
- 「新宿インシデント」日本公開
- 北京国家体育館でコンサート
- 七小福50周年イベント
- 「ジャッキー・チェンを探して」香港公開
- 「建国大業」中国・香港公開
- 「ジャッキー・チェンを探して」「建国大業」日本公開

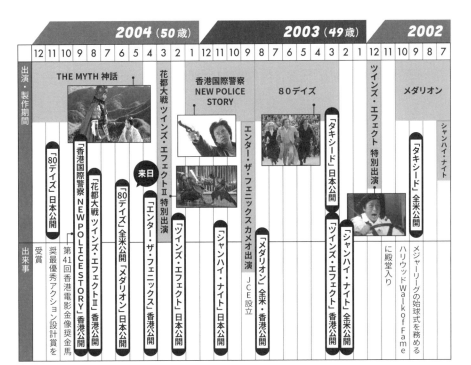

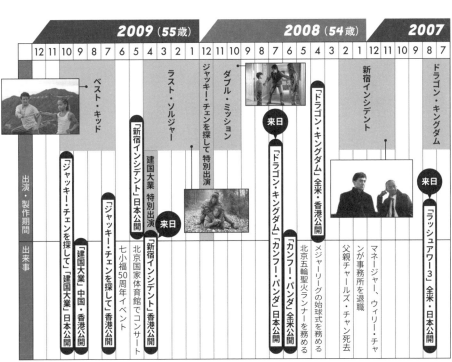

2010（56歳）

2011（57歳）

2012（58歳）

1	2	3	4	5	6	7	8	9	10	11	12	1	2	3	4	5	6	7	8	9	10	11	12	1	2	3	4	5	6

出演・製作期間

新少林寺 特別出演

1911

ライジング・ドラゴン

出来事

「ダブル・ミッション」全米公開

来日

「ラスト・ソルジャー」中国公開「新宿インシデント」全米公開

「ベスト・キッド」全米公開「ダブル・ミッション」日本公開

来日

「ベスト・キッド」日本公開

「ラスト・ソルジャー」日本公開

アジア太平洋映画祭で終身栄誉賞

「新少林寺」中国公開

ホワイトハウスでオバマ大統領と対面

大成龍祭2011開始

「カンフー・パンダ2」全米公開

「カンフー・パンダ2」日本公開

来日

「1911」中国・香港公開

「1911」「新少林寺」日本公開

中国・華鼎奨で最高賞受賞

2015（61歳）

2016（62歳）

2017（63歳）

1	2	3	4	5	6	7	8	9	10	11	12	1	2	3	4	5	6	7	8	9	10	11	12	1	2	3	4	5	6

出演・製作期間

スキップ・トレース

カンフー・ヨガ

レイルロード・タイガー

ザ・フォーリナー／復讐者

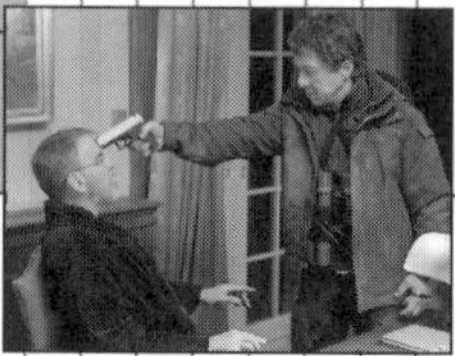

レゴニンジャゴー ザ・ムービー 実写シーン他、声の出演

ポリス・ストーリー／REBORN

レジェンド・オブ・ドラゴン 鉄仮面と龍の秘宝

出来事

「ドラゴン・ブレイド」中国・香港公開

「カンフー・パンダ3」全米・中国公開

自伝「永遠の少年」日本発売

「ドラゴン・ブレイド」日本公開

「スキップ・トレース」中国公開

「カンフー・パンダ3」日本公開

「スキップ・トレース」全米公開

アカデミー賞名誉賞受賞

「レイルロード・タイガー」中国公開

「カンフー・ヨガ」中国公開

「カンフー・ヨガ」インド公開

「レイルロード・タイガー」日本公開

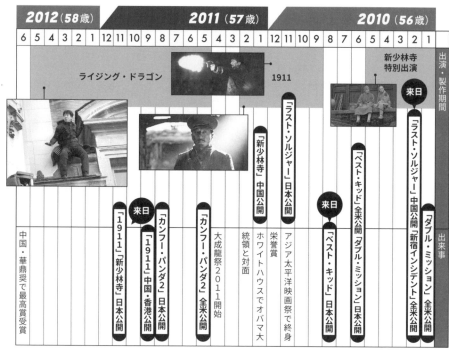

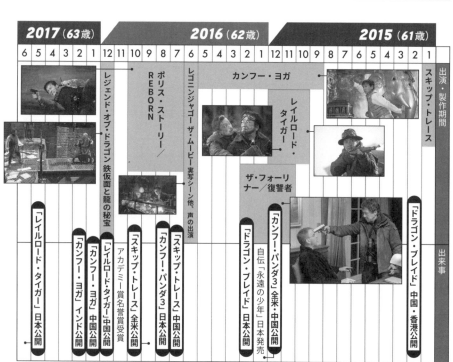

2014（60歳） / 2013（59歳） / 2012

出演・製作期間

- 2014年9〜12月：スキップ・トレース

- 2014年4〜8月：ドラゴン・ブレイド

- 2013年2月：ファイヤー・レスキュー 友情出演
- 2013年1月：ポリス・ストーリー／レジェンド

- 2012年11月：私人訂制 特別出演

出来事

- 2014年10月：「ファイアー・レスキュー」日本公開
- 2014年7月：「ポリス・ストーリー／レジェンド」日本公開
- 2014年5〜6月：成龍電影芸術館を上海にオープン
- デアゴスティーニ「ジャッキー・チェンDVDコレクション」創刊
- 2014年3月：「ポリス・ストーリー／レジェンド」「ファイアー・レスキュー」香港公開
- 2013年11月〜2014年1月：ライジング・ドラゴンで第50回金馬奨最優秀アクション設計賞を受賞
- 2013年10月：「ライジング・ドラゴン」中国公開
- 2013年4〜6月：ライジング・ドラゴンで第32回香港電影金像奨最優秀アクション設計賞を受賞
- 2013年4月：「ライジング・ドラゴン」日本公開
- 2013年3月：「ライジング・ドラゴン」香港公開
- 2012年10月〜2013年1月：2つのギネス認定 ※1本の映画で最も多くの役割をこなした ※生涯で最も多くのスタントを演じた俳優

2019（65歳） / 2018（64歳） / 2017

出演・製作期間

- 2019年：プロジェクトV
- 2019年：クライマーズ 友情出演

- 2018年：プロジェクトX トラクション

- 2018年：ナイト・オブ・シャドー魔法拳
- 2017年11月：曾经相爱的我们 特別出演
- 2017年7月：ナミヤ雑貨店の奇蹟 再生 特別出演

出来事

- 2019年11月：来日
- 2019年10月：「クライマーズ」中国公開
- 2019年9月：「レジェンド・オブ・ドラゴン 鉄仮面と龍の秘宝」ロシア公開
- 2019年8月：「レジェンド・オブ・ドラゴン 鉄仮面と龍の秘宝」中国公開
- 2019年5月：「ザ・フォーリナー／復讐者」日本公開
- 2019年3月：「ナイト・オブ・シャドー魔法拳」中国公開
- 2018年11月：「ポリス・ストーリー／REBORN」日本公開
- 2018年10月：「ナミヤ雑貨店の奇蹟 再生」日本公開
- 2018年1月：「ナミヤ雑貨店の奇蹟 再生」中国公開
- 2017年12月：「ポリス・ストーリーREBORN」中国・香港公開「カンフー・ヨガ」日本公開
- 2017年11月：来日、「ザ・フォーリナー／復讐者」全米公開
- 2017年9月：「スキップト・レース」日本公開
- 2017年8月：「レゴニンジャゴー ザ・ムービー」全米・日本公開

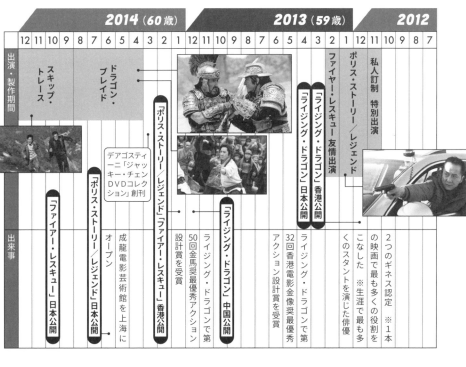

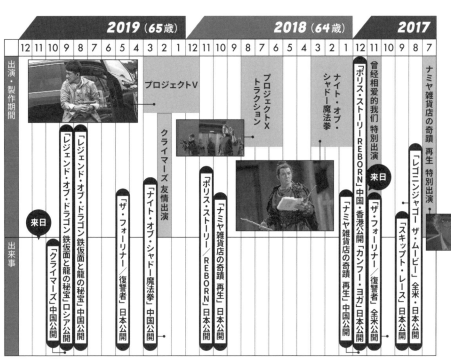

2020（66歳） **2021（67歳）** **2022（68歳）**

1 2 3 4 5 6 7 8 9 10 11 12 | 1 2 3 4 5 6 7 8 9 10 11 12 | 1 2 3 4 5 6

出演・製作期間

総是有愛在隔離　友情出演

ライド・オン

出来事

「ナイト・オブ・シャドー魔法拳」日本公開

「ナッツジョブリバティパーク奪還作戦!!」DVD発売（日本未公開）

成龍電影芸術館閉館

「クライマーズ」日本公開

「プロジェクトV」中国公開

「プロジェクトV」香港公開

コロナ禍に

「總是有愛在隔離」香港公開

「プロジェクトV」日本公開

「レジェンド・オブ・ドラゴン鉄仮面と龍の秘宝」日本公開

「曾经相爱的我们」中国公開

北京冬季五輪聖火ランナーを務める

2022 **2023（69歳）** **2024（70歳）**

7 8 9 10 11 12 | 1 2 3 4 5 6 7 8 9 10 11 12 | 1 2 3 4 5 6 7 8 9 10 11 12

出演・製作期間

THE LEGEND／伝説

P計画

出来事

自伝『我是成龍』中国語版発売

「カンフースタントマン 龍虎武師」日本公開

「ライド・オン」中国公開

「プロジェクトX トラクション」Netflix配信開始

「ミュータント・タートルズ：ミュータント・パニック!」日本公開

コロナ禍に

「ライド・オン」日本公開

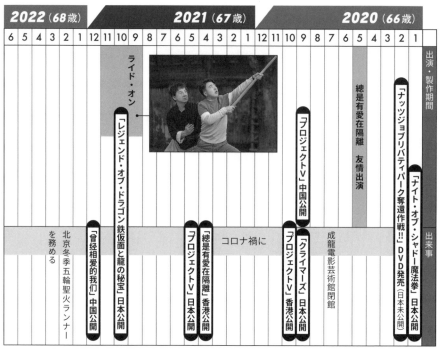

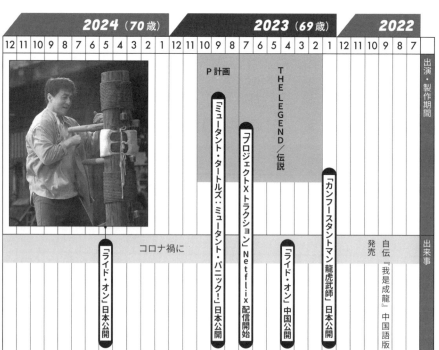

今日は何の日？

エブリデイ、エブリジャッキー 毎日がジャッキー記念日

映画の公開日・書籍や EP レコードの発売日・共演者や関係者の誕生日などで埋め尽くした年間カレンダー

1月 January

- 1 ●シー・キエン（俳優）バースデイ（1913） ●ユエン・ウーピン（監督）バースデイ（1945） ●クォン・サンウ（俳優）バースデイ（1975）
- 2 ●ツイ・ハーク（監督）バースデイ（1951）
- 3
- 4
- 5
- 6 ●カンフースタントマン 龍虎武師 日本公開（2023）
- 7 ●サモ・ハン（俳優）バースデイ（1952）
- 8 ●ホセ・フェラー（俳優）バースデイ（1912）
- 9
- 10 ● First Strike アメリカ公開（1997）
- 11
- 12
- 13
- 14
- 15 ●自伝「永遠の少年 ジャッキー・チェン自伝」発売（2016）
- 16 ● The Spy Next Door アメリカ公開（2010）
- 17 ●工藤夕貴（女優）バースデイ（1971） ●ナイト・オブ・シャドー魔法拳 日本公開（2020）
- 18
- 19
- 20 ●シングル 見つめていたい（明明白白我的心）リリース（1995）
- 21 ●テリー・サバラス（俳優）バースデイ（1922） ●ジリアン・チョン（女優）バースデイ（1981）
- 22
- 23 ●ラッシュアワー 日本公開（1999）
- 24 ●金瓶梅 日本公開（1976）
- 25
- 26
- 27
- 28 ●澤田拳也（俳優）バースデイ（1965）
- 29 ● Kung Fu Panda 3 アメリカ公開（2016）
- 30
- 31 ●ノラ・ミャオ（女優）バースデイ（1952） ●ジョイ・ウォン（女優）バースデイ（1967）

2月 February

- 1 ●レオン・カーフェイ（俳優）バースデイ（1958） ●自伝「愛してポーポー ジャッキー・チェン自伝」発売（1984）
- 2 ●ファラ・フォーセット（女優）バースデイ（1947）
- 3 ● Shanghai Knights アメリカ公開（2003）
- 4
- 5 ● Shinjuku Incident アメリカ公開（2010）
- 6 ●チャン・ツィイー（女優）バースデイ（1979）
- 7
- 8
- 9
- 10
- 11 ●バート・レイノルズ（俳優）バースデイ（1936）
- 12 ●石丸博也（声優）バースデイ（1941） ●ドラゴン・ブレイド日本公開（2016）
- 13
- 14 ●ブラッドリー・ジェームズ・アラン（俳優）バースデイ（1974） ●ムーン・リー（女優）バースデイ（1965）
- 15 ●ツイ・ハーク（監督）バースデイ（1950） ●ユン・クワイ（俳優）バースデイ（1951）
- 16 ●チェリー・チェン（女優）バースデイ（1960）
- 17
- 18
- 19 ●蛇鶴八拳 日本公開（1983）
- 20 ●龍拳 日本公開（1982）
- 21 ●ジェニファー・ラヴ・ヒューイット（女優）バースデイ（1979） ●少林寺木人拳 日本公開（1981）
- 22
- 23
- 24
- 25 ●リー・エヴァンス（俳優）バースデイ（1964） ●プロジェクトA 日本公開（1984） ●シングル MOVIE STAR リリース（1988）
- 26 ●アーリフ・リー（俳優）バースデイ（1987） ● Rumble in the Bronx アメリカ公開（1996） ●ジェネックス・コップ 日本公開（2000）
- 27 ●リー・ビンビン（女優）バースデイ（1973）
- 28 ●マース（俳優）バースデイ（1954）

3月 March

- 1 ●ジャッキー・チェンの醒拳 日本公開（1986）
- 2 ●デッドヒート 日本公開（1996）
- 3
- 4 ●デアゴスティーニ「ジャッキー・チェン DVDコレクション」創刊（2014）
- 5 ●失われた龍の系譜／トレース・オブ・ア・ドラゴン 日本公開（2005） ●香港国際警察 NEW POLICE STORY 日本公開（2005）
- 6 ●ロバート・クローズ（監督）バースデイ（1928） ●ハル・ニーダム（監督）バースディ（1931）
- 7
- 8 ●セシリア・イップ（女優）バースデイ（1963）
- 9 ●プロジェクト・イーグル 日本公開（1991）
- 10
- 11 ●ジョニー・ノックスビル（俳優）バースデイ（1971）
- 12
- 13 ●シティーハンター 日本公開（1993）
- 14 ●ナイスガイ 日本公開（1998）
- 15 ●タキシード 日本公開（2003）
- 16
- 17 ●ロー・ワイコン（俳優）バースデイ（1959）
- 18 ●ジミー・ウォング（俳優）バースデイ（1943） ●ジェームズ・ウォン（俳優）バースデイ（1941） ● THE MYTH 神話 日本公開（2006）
- 19 ●ビビアン・スー（女優）バースデイ（1975）
- 20 ●倉田保昭（俳優）バースデイ（1946） ●竹中直人（俳優）バースデイ（1956） ● Mr. Nice Guy アメリカ公開（1998）
- 21 ●ヤング・マスター／師弟出馬 日本公開（1981）
- 22
- 23
- 24
- 25
- 26 ●後藤久美子（女優）バースデイ（1974）
- 27
- 28 ●ブレット・ラトナー（監督）バースディ（1969）
- 29
- 30 ●トン・ピョウ（俳優）バースデイ（1933） ●ルージュ 日本公開（2013）
- 31

6月 June

1 ●フォン・ツイファン（俳優）バースデイ（1944）
2
3 ●エンター・ザ・フェニックス 日本公開（2006）
4 ●ローラ・フォルネル（女優）バースデイ（1960）
5 ●Kung Fu Panda アメリカ公開（2008）
6 ●ポリス・ストーリーレジェンド 日本公開（2014）
7 ●ディーン・マーティン（俳優）バースデイ（1917）
8
9 ●ウィンストン・チャオ（俳優）バースデイ（1960）
10 ●自伝「I AM JACKIE CHAN 僕はジャッキー・チェン 初めて語られる香港帝王の素顔」発売（1999）
11 ●キム・ヒソン（女優）バースデイ（1977）
12 ●The Karate Kid アメリカ公開（2010）
13 ●ミシェル・フェレ（女優）バースデイ（1973）
14 ●拳精 日本公開（1980）
15 ●プロテクター 日本公開（1985）
16 ●レイルロード・タイガー 日本公開（2017）
●Around the World in 80Days アメリカ公開（2004）
17 ●ディーン・セキ（俳優）バースデイ（1949）
●スコット・アトキンス（俳優）バースデイ（1976）
18
19 ●メダリオン 日本公開（2004）
●ダブル・ミッション 日本公開（2010）
20 ●ダニー・アイエロ（俳優）バースデイ（1933）
●ベニー・ユキーデ（俳優）バースデイ（1952）
21 ●ラロ・シフリン（音楽家）バースデイ（1932）
22 ●チャウ・シンチー（俳優）バースデイ（1962）
23 ●リッチー・レン（俳優）バースデイ（1966）
24
25
26
27 ●トニー・レオン（俳優）バースデイ（1962）
28 ●ジョン・キューザック（俳優）バースデイ（1966）
29 ●デビット・チャン（俳優）バースデイ（1947）
●アンジェラ・マオの女活殺拳 日本公開（1974）
30 ●夫人ジョアン・リン（女優）バースデイ（1953）

5月 May

1 ●ジョン・ウー（監督）バースデイ（1945）
●新宿インシデント 日本公開（2009）
2
3 ●ジェームズ・ブラウン（歌手）バースデイ（1933）
4 ●ウォン・ジン（監督）バースデイ（1933）
●ザ・フォーリナー／復讐者 日本公開（2019）
5
6 ●シベール・フー（女優）バースデイ（1958）
7
8 ●プロジェクトV 日本公開（2021）
9
10
11 ●ダグ・マクルーア（俳優）バースデイ（1935）
●アンディ・オン（俳優）バースデイ（1977）
12 ●成龍拳 日本公開（1984）
13
14
15
16 ●ピアース・ブロスナン（俳優）バースデイ（1953）
17 ●ワン・リーホン（俳優）バースデイ（1976）
18
19 ●チャールズ・チン（俳優）バースデイ（1948）
20 ●喜劇王 日本公開（2000）
21 ●ジョン・シャム（俳優）バースデイ（1952）
22 ●ケント・チェン（俳優）バースデイ（1951）
23 ●チャーリー・ヤン（女優）バースデイ（1974）
●Shanghai Noon アメリカ公開（2000）
24 ●シャーリー・マクレーン（女優）バースデイ（1934）
25 ●ムチミヤ（女優）バースデイ（1987）
26 ●Kung Fu Panda 2 アメリカ公開（2011）
27
28 ●ジェームズ・ティエン（俳優）バースデイ（1942）
29
30
31 ●ロイ・チャオ（俳優）バースデイ（1927）
●ライド・オン 日本公開（2024）

4月 April

1
2
3 ●ウー・ジン（俳優）バースデイ（1974）
4 ●The Forbidden Kingdom AFIダラス映画祭上映（2008）
5
6
7 ●ジャッキー・チェン バースデイ（1954）
8 ●スタンリー・トン（監督）バースデイ（1960）
9 ●プロジェクトBB 日本公開（2007）
10 ●葉山豪（俳優）バースデイ（1975）
11 ●加山雄三（俳優）バースデイ（1937）
12
13 ●ライジング・ドラゴン 日本公開（2013）
14 ●エリック・ツァン（俳優）バースデイ（1953）
●エイドリアン・ブロディ（俳優）バースデイ（1973）
●プロジェクトS 日本公開（1995）
15
16 ●マイケル・ウォン（俳優）バースデイ（1965）
●シュー・ジンレイ（女優）バースデイ（1974）
●スー・チー（女優）バースデイ（1976）
17 ●ドラゴンロード 日本公開（1982）
18 ●ストロンゲスト 史上最強の映画スターは誰だ!? 日本公開（1992）
19 ●The Forbidden Kingdom アメリカ公開（2008）
20
21 ●クレージー・モンキー／笑拳 日本公開（1980）
22
23 ●ジョン・シナ（俳優）バースデイ（1977）
●サイクロンZ 日本公開（1988）
24
25 ●ツイン・ドラゴン 日本公開（1992）
●炎の大捜査線 日本公開（1992）
26 ●ジョアン・チェン（女優）バースデイ（1961）
●ジェット・リー（俳優）バースデイ（1963）
27 ●加藤雅也（俳優）バースデイ（1963）
28 ●ツインズ・エフェクト 日本公開（2004）
29 ●キン・フー（監督）バースデイ（1931）
30

今日は何の日？

エブリデイ、エブリジャッキー 毎日がジャッキー記念日

7月 July

1
2
3
4
5
6 ●シルヴェスター・スタローン（俳優）バースデイ（1946）
7
8
9
10 ●シングル ハートはYES リリース（1984）
11

12
13
14
15
16
17
18
19 ●The Cannonball Run アメリカ公開（1981）
20 ●ブルース・リー（俳優）命日（1973）
●ドラゴン怒りの鉄拳 日本公開（1974）
21 ●ドランクモンキー酔拳 日本公開（1979）
22
23
24
●キース・モリソン（木森敏之）（音楽家）バースデイ（1947）
●ジェームズ・グリッケンハウス（監督）バースデイ（1950）
25 ●プロジェクトA2／史上最大の標的 日本公開（1987）
26
●ユン・ピョウ（俳優）バースデイ（1957）
●ドラゴン・キングダム 日本公開（2008）
●カンフー・パンダ 日本公開（2008）
27 ●ドニー・イェン（俳優）バースデイ（1963）
28
29
●ラウ・カーリョン（俳優）バースデイ（1934）
●プロジェクトXトラクション Netflix配信開始（2023）
30
●Cannonball Run II アメリカ公開（1984）
31
●アーノルド・シュワルツェネッガー（俳優）バースデイ（1947）

8月 August

1
2
●ドム・デルイーズ（俳優）バースデイ（1933）
3 ●リッキー・ホイ（俳優）バースデイ（1946）
● Rush Hour 2 アメリカ公開（2001）
4 ●五福星 日本公開（1984）
5 ●レッド・ブロンクス 日本公開（1995）
●シャンハイ・ヌーン 日本公開（2000）
6 ●ミシェル・ヨー（女優）バースデイ（1962）
●カンニング・モンキー／天中拳 日本公開（1983）
7 ●残酷ドラゴン 血斗竜門の宿 日本公開（1974）
8
9 ●スティーブン・フォン（俳優）バースデイ（1974）
10
11
●香港発活劇エクスプレス 大福星 日本公開（1985）
● Rush Hour 3 アメリカ公開（2007）
12 ●奇蹟／ミラクル 日本公開（1989）
13 ●ポリス・ストーリー2 九龍の眼 日本公開（1988）
14 ●ロアン・リンユィ 阮玲玉 日本公開（1998）
●ベスト・キッド 日本公開（2010）
15 ●ヴィンセント・コク（監督）バースデイ（1965）
16 ●サンダーアーム／龍兄虎弟 日本公開（1986）
17
18 ●チャイ・ラン（プロデューサー）バースデイ（1941）
19 ●ティ・ロン（俳優）バースディ（1946）
●カンフー・パンダ2 日本公開（2011）
20
21
22 ●The Medallion アメリカ公開（2003）
23 ●アラン・タム（俳優）バースデイ（1950）
●The Protector アメリカ公開（1985）
24 ●ユエン・ウーピン（監督）バースデイ（1945）
25
26
27
●シングル TOKYO SATURDAY NIGHTリリース（1985）
●リウ・イーフェイ（女優）バースデイ（1987）
●シングル 愛のセレナーデ リリース（1988）
●ラッシュアワー3 日本公開（2007）
28
29
●チェン・ボーリン（俳優）バースデイ（1983）
●カンフー・パンダ3 日本公開（2016）
30
●花都大戦 ツインズ・エフェクトII 日本公開（2005）
31
●ニコラス・ツェー（俳優）バースデイ（1980）
●クリス・タッカー（俳優）バースデイ（1971）

9月 September

1 ●スキップト・レース 日本公開（2017）
2 ●ユン・ワー（俳優）バースデイ（1950）
●Skiptrace アメリカ公開（2016）
3 ●マイケル・ホイ（俳優）バースデイ（1942）
4
5
●アニタ・ユン（女優）バースデイ（1971）
●フランソワーズ・イップ（女優）バースデイ（1972）
6
7
●于占元（ユー・イエムユン）「ジャッキーの師匠」バースデイ（1905）
8
●バトルクリーク・ブロー 日本公開（1980）
9
●ジャッキー・チェン・アドベンチャー アメリカ放送開始（2000）
10
11 ●ワンス・アポン・ア・タイム・イン・チャイナ 天地大乱 日本公開（1993）
12
13
●ウォン・インシック（俳優）バースデイ（1940）
●リチャード・キール（俳優）バースデイ（1939）
14 ●ファースト・ミッション 日本公開（1985）
15 ●ラッシュアワー2 日本公開（2001）
16 ●ファン・ビンビン（女優）バースデイ（1981）
17
18 ● Rush Hour アメリカ公開（1998）
19
20 ●マギー・チャン（女優）バースデイ（1964）
●フー・ゴー（俳優）バースデイ（1982）
21
22
23
●ウー・マ（俳優）バースデイ（1942）
●ミュータント・タートルズ：ミュータント・パニック！ 日本公開（2023）
24 ●ロザムンド・クワン（女優）バースデイ（1962）
25 ●クライマーズ 日本公開（2020）
26
27
28
●アンディ・ラウ（俳優）バースデイ（1961）
●サム・リー（俳優）バースデイ（1975）
● The Tuxedo アメリカ公開（2002）
29
30
●ダニエル・ウー（俳優）バースデイ（1974）
●レゴニンジャゴー ザ・ムービー 日本公開（2017）

今日は何の日? エブリデイ、エブリジャッキー 毎日がジャッキー記念日

12月 December

- 1 ●アクシデンタル・スパイ 日本公開(2001)
- 2 ●ルーシー・リュー(女優) バースデイ(1968)
- 3 ●息子ジェイシー・チャン(俳優) バースデイ(1982) ●マイケル・アンガラーノ(俳優) バースデイ(1987)
- 4 ●ベニー・ライ(俳優) バースデイ(1954)
- 5 ●空手ヘラクレス 日本公開(1974)
- 6
- 7
- 8 ●サミー・デイヴィス Jr.(俳優) バースデイ(1925) ●リンゴ・ラム(監督)バースデイ(1955) ●カリーナ・ラウ(女優)バースデイ(1965)
- 9
- 10 ●マコ(俳優)バースデイ(1933) ●酔拳2 日本公開(1994)
- 11
- 12 ●七福星 日本公開(1987) ●ポリス・ストーリー3 日本公開(1992)
- 13
- 14 ●ポリス・ストーリー 香港国際警察 日本公開(1985) ●ファイナル・プロジェクト 日本公開(1996)
- 15 ●スパルタンX 日本公開(1984)
- 16
- 17 ●クレア・フォーラニ(女優) バースデイ(1971) ●ドラゴン特攻隊 日本公開(1983) ●キャノンボール2 日本公開(1983)
- 18 ●ゴージャス 日本公開(1999)
- 19 ●キャノンボール 日本公開(1981)
- 20
- 21 ●ウォン・チェンリー(俳優) バースデイ(1944)
- 22 ●エミール・チョウ(俳優) バースデイ(1960) ●燃えよドラゴン 日本公開(1973) ●カンフー・ヨガ 日本公開(2017)
- 23
- 24
- 25
- 26
- 27 ●リチャード・ン(俳優) バースデイ(1939) ●ラム・チェンイン(俳優) バースデイ(1952)
- 28 ●イー・トンシン(監督)バースデイ(1957)
- 29
- 30
- 31 ●ニナ・リー(女優)バースデイ(1961)

11月 November

- 1
- 2
- 3 ●ブリジット・リン(女優) バースデイ(1954)
- 4 ●山本未來(女優)バースデイ(1974)
- 5 ●1911 日本公開(2011)
- 6 ●80デイズ 日本公開(2011)
- 7
- 8 ●マイケル・ライ(音楽家) バースデイ(1946)
- 9
- 10
- 11
- 12
- 13 ●ジャック・イーラム(俳優) バースデイ(1920) ●ラスト・ソルジャー 日本公開(2010)
- 14
- 15 ●シャンハイ・ナイト 日本公開(2003)
- 16 ●WHO AM I? 日本公開(1999)
- 17 ●メイベル・チャン(監督)バースデイ(1950) ●スネーキーモンキー蛇拳 日本公開(1979)
- 18 ●オーウェン・ウィルソン(俳優) バースデイ(1968)
- 19 ●ヤム・サイクン(俳優) バースデイ(1947) ●新少林寺 日本公開(2011)
- 20
- 21 ●池田昌子(女優)バースデイ(1967)
- 22 ●シャーリーン・チョイ(女優) バースデイ(1982)
- 23 ●ポリス・ストーリー REBORN 日本公開(2018)
- 24 ●池内博之(俳優)バースデイ(1976)
- 25
- 26
- 27 ●ユエン・シャオティエン(俳優) バースデイ(1912) ●ブルース・リー(俳優) バースデイ(1940)
- 28 ●シングル I LOVE YOU, YOU, YOU リリース(1984)
- 29 ●ヤム・サイクン(俳優)バースデイ(1947)
- 30 ●シングル マリアンヌ リリース(1983)

10月 October

- 1
- 2
- 3
- 4 ●イーキン・チェン(俳優) バースデイ(1967)
- 5
- 6
- 7 ●レイ(歌手)バースデイ(1991) ●エディソン・チャン(俳優)バースデイ(1980)
- 8 ●レイモンド・チョウ(プロデューサー) バースデイ(1927)
- 9 ●新ポリス・ストーリー 日本公開(1993)
- 10 ●アニタ・ムイ(女優)バースデイ(1963)
- 11 ●ケイン・コスギ(俳優)バースデイ(1974) ●ファイアー・レスキュー 日本公開(2014)
- 12 ●真田広之(俳優)バースデイ(1960) ●スーザン・アントン(女優)バースデイ(1950)
- 13 ●ジョン・ローン(俳優)バースデイ(1952) ●谷垣健治(アクション設計) バースデイ(1970) ●The Foreigner アメリカ公開(2017) ●ナミヤ雑貨店の奇蹟 再生 日本公開(2018)
- 14 ●ロジャー・ムーア(俳優) バースデイ(1927) ●スティーヴ・クーガン(俳優) バースデイ(1965)
- 15
- 16
- 17 ●ジャッキー・チェンを探して 日本公開(2009)
- 18 ●建国大業 日本公開(2009)
- 19
- 20
- 21 ●タイ・ボー(俳優)バースデイ(1950) ●ルイス・クー(俳優)バースデイ(1970)
- 22
- 23
- 24 ●マーティン・キャンベル(監督) バースデイ(1943) ●ベニー・チャン(監督) バースデイ(1961)
- 25
- 26
- 27
- 28
- 29 ●レジェンド・オブ・ドラゴン 鉄仮面と龍の秘宝 日本公開(2021)
- 30
- 31

第5章

みんなで歌おう

皆が口ずさんだ……

ジャッキー・チェン

テレビから流れてきた、あの主題歌。映画館で聴いたあの曲。歌詞も正確にわからないまま適当に歌っていたものだった。このコーナーでは、人気曲を厳選。楽譜と一緒に紹介していく。

日本音楽著作権協会（出）許諾第2401990-401号

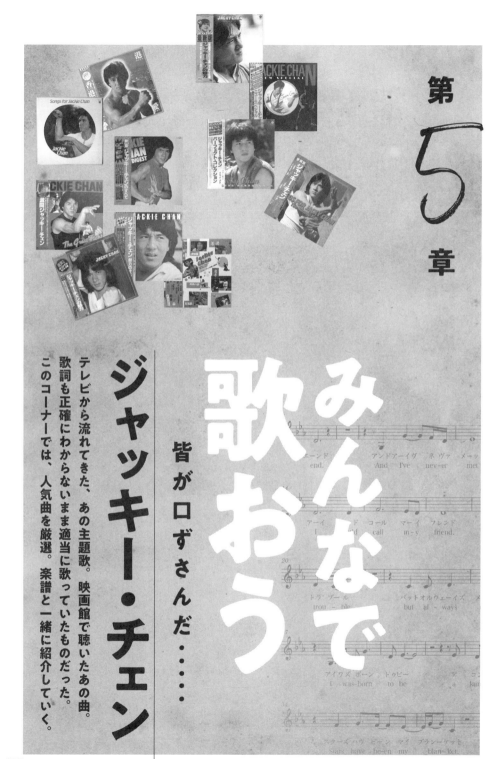

ドランクモンキー 酔拳

DRUNK MONKEY

拳法混乱《カンフージョン》

作詞：Vinyl
作曲：MA-CHANG

ほんこん ねっぷう しれん てっけん さっ き さんじょう
7
カンフー ジョ ー ーン
おまえのめ の まえに
おまえのか げ のうえ
15
きせきのひ と がいる らくえんのし しゃ ぼ く が い るー つ
かすみのひ と がいる ふううんのし しゃ ぼ く が い るー つ
21
よ い さ け を ふ き つ け れ ば ー ここ は ひょうが の と し と
よ い ゆ め で ひ き つ け れ ば ー ここ は かくう の と し と
27
な る ー ぼ くー そ の もー のが ー ー せ い ぎー で
な る ー
34
あい なん だ よ ー ひ が し かー ら ー に し へ
40
ー い の ち が う ご く ー カーン フー ジョ ーン

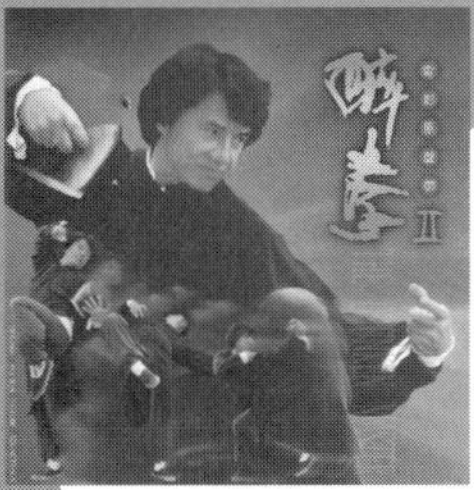
醉拳
Ⅱ

酔拳《すいけん》2

酔拳《ジョイ キュン》（広東語版）

作詞：林夕
作曲：偲菘、偉菘

ヤン サン ディンディン ドウ ドウ ゲン ガイ ガン ゴウ キュン
人 生 癲 癲 倒 倒 境 界 更 高 拳
サン チャウチャウ ホウ ホウ バッ ギン ガン ホウ シー
生 醜 醜 好 好 不 見 更 好 是
サン サム ファン チェン セン ホイ フッ ティンゴウ ラウ
生 三 分 清 醒 海 濶 天 高 留
フォン フォンフォン ソウ ソウ レン ジョン フォン ソウ ジョンチェン ダイ
風 風 風 騒 騒 領 盡 風 騒 盡 情 大
フェイ ディンディン ドウ ドウ ヤウ ソイ ジー ドウ シー チェー シー
非 癲 癲 倒 倒 有 誰 知 道 是 邪 是
ダイ チャッファン ディン ドウ ヤウ ホー バッ ホウ ヤウ イウ ヤウ
低 七 分 癲 倒 有 何 不 好 又 搖 又
ジョイ ジョイシー ジョイ ホウ ジェー ジャウ ファイ サーンォー ジー ホウ ハン ハップ
醉 醉 是 最 好 借 酒 揮 灑 我 自 豪 行 俠
ジェン ヤウ ワイ ヤウ ホウ ジョイ ジョン フォン ジー ヤウ ワッ モウ モウ ワイ
正 有 壞 有 好 醉 中 方 知 有 或 無 無 謂
ディッ キョッメイ ディッ ドウ ジョイ ジャウ フォン ジーンォー ロウ トウ ハン ハップ
跌 卻 未 跌 倒 醉 酒 方 知 我 路 途 行 俠
1.
2.
ジャイ サイ ー ウェン バッ カウ ドウ ヤン ジョウ モッ シウ
濟 世 永 不 靠 刀 人 早 莫 笑
チェン ー セン ダッ タイ
清 醒 得 太
ジャイ サイ ー ウェン バッ カウ
濟 世 永 不 靠
ンォー ジョイサン ヤッ ジョイホーフォン クォンヤー フォン バー チン チャウ ホッ
我 醉 生 一 醉 何 妨 狂 也 放 把 千 秋 喝
グォン モッシウ ンォー ジョイジョン ジャン ンォーメイ モン ヨンンォー
光 莫 笑 我 醉 中 眞 我 未 忘 讓 我
3.
シウ ジョッジョイ チョン マン チョン ロン ヤン ドウ
笑 著 醉 闖 萬 重 狼 人 刀

©ZUI QUAN
Words by Man Ting Janice
Music by Shih Shiong Lee & Wei Shiong Lee
International copyright secured. All rights reserved.
Rights for Japan administered by PEERMUSIC K.K.

JACKY CHAN
ドラゴン・フィスト
龍拳
オリジナル・サウンドトラック

龍拳

ドラゴン・フィスト

作詞：Dwight Waldron
作曲：林 哲司

ゼイ コールヒム ドラゴンフィスト デー モン インディス ガイズ
They call him dra-gon fist De - mon in dis - guise
ドラゴンフィスト テイクス ユー バイ サ プライズ
dra-gon fist Takes you by sur - prise
アウト オブ ア ファイア リー ミスト アン ガー イン ヒズ
Out of a fire - ly mist An - ger in his
ルックアットヒム ターン アンドトゥイスト ストライキングアットヒズ
Look at him turn and twist Stri - king at his
アイズ ヒー ウォークス ア レイ ザーズ エッジ
eyes He walks a ra - zer's edge
プライズ ホワイ ドゥ ゾーズ フールズ イン シスト
prize Why do those fools in - sist
ヒーズ ハッド ア サウ ザンドライヴス ヒーズ ゼア トゥ
He's had a thou - sand lives He's there to
ザ フィッテスト ウィル サ ヴァイヴ イットテイクス ア
The fit - test will sur - vive It takes a
ドラ イヴ ザ ウェッジ バットゴーンウェン デ ス アライヴス
dri - ve the wedge But gone when dea-th ar - rives
ドラ ー ゴンフィスト
dra - gon fist
ゼイ セイザット トゥステイ ア ライヴ
They say that To stay a - live

蛇鶴八拳

蛇鶴八拳

デンジャラス・アイズ

作詞：Gregory Starr
作曲：林 哲司

ベアー ザ ペイン オブ ワン アローン サイ ウィズ
Bear the pain of one a - lone Sigh with
ラーン ア レッ スン フロム ザ パスト ブラッシュ ザ
Learn a le - sson from the past Brush the
5
エヴ リー エイ キング ブレス アスク ジ
eve - ry a - ching breath Ask the
コブ ウェブス オフ ユア ソウル テイク ザ
cob - webs off your soul Take the
9
エイン シャント ワンズ オブ フィアー イフ パ ワー アンド アン
an - cient ones of fear If po - wer and un -
ブラインド フォルド フロム ユア フェイス アンド ネ ヴァー レット ザ
blind - fold from your face And ne - ver let the
12
1.
ハッ ピ ネス カム ウィズ イーチ タッチ オブ デス
hap - pi-ness Come with each touch of death
ロン リ ネス メイク ユー ルーズ オール コントロール
lone - li-ness Make you lose all cont - rol
16
2.
ライク ザ スネイク オン ザ グラウンド ストライクス バイ サ プライズ
Like the snake on the ground Strikes by sur - prise
20
ライク ザ クレイン オン ザ ウィング ダ ー ケンス ザ スカイズ
Like the crane on the wing Dar - kens the skies
25
3
ビー ウェア ザ フラッシュ オブ デン ジャ ラス アイズ
Be - ware the flash of dan - ge - rous eyes

唄●ジャッキー・チェン
オリジナル
サントラ盤
Victor

THEME FROM YOUNG MASTER

師弟出馬 ヤング・マスター

さすらいのカンフー

作詞：湯川れい子
作曲：宇崎竜童

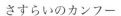

ディスロードザット アイヴ ビーン ウォーキング ドントシームトゥ ハヴ ノー
This road that I've been walk - ing Don't seem to have no
エンド アンドアイヴ ネヴァー メット ア シングル マン イェット ザット アイ クッド
end And I've ne - ver met A sin-gle man yet That I could
コール マイ フレンド エイント ネヴァー ルックトゥ フォー トラ ーブル
call m-y friend Ain't ne - ver looked for trou - ble
バット オルウェイズ メイド マイ スタンド イットシームストゥ ミー アイワズ ボーン
But al - ways made my stand It seems to me I was born
トゥビ ー ア クン フー クン フー ファイ ティ ン メン
to be A kung - fu kung - fu figh - ti - n' man
スターズ ハヴ ビーン マイ ブランケット グラス ハズ ビーン マイ ベッド アンド
Stars have be-en my blan - ket Grass has been my bed And
ソ ロウ ハズ ビーン ザ ピ ロウ ウェアアイ レイド マイ ウェア ー リー ヘッド
sor-row has been the pil-low Where I laid my we-a - ry head

ドラゴンロード
JACKIE CHAN in
Dragon Lord
ドラゴンロード

ドラゴンロード

DRAGON LORD《ドラゴン ロード》

作詞：J.Keeling
作曲：藤丸

Chorus
トゥ ルトゥトゥ ルトゥ ー ルトゥルトゥルトゥ トゥルトゥルトゥ ル ル ー
tu lu tu tu lu tu lu tu lu tu lu tu tu lu tu lu tu lu lu
トゥ ルトゥトゥ ルトゥ ー ルトゥルトゥルトゥ トゥ ル ルトゥルトゥトゥ ー ラララ
tu lu tu tu lu tu lu tu lu tu lu tu tu lu lu tu lu tu tu lalala
ーララ ララララ ー ラララ ーララ ララララ ー トゥ ルトゥトゥ ルトゥ
la la la la la la lalala la la la la la la tu lu tu tu lu tu
トゥ ルトゥトゥルル ル ー アークン フ ー！ ア
tu lu tu tu lu lu lu Ah Kung-Fu ! A
1. 3
2. 2
マン イズ オン リー ホワット ヒー ウォンツ トゥ ビー ア
man is on - ly what he wants to be A
マン マスト オールウェイズ ハヴ アン エイム ファイト トゥビー
man must al - ways have an aim Fight to be
ベスト ビート アウト オール ザレスト ビ ー ナン バー ワン
best beat out all the rest Be num-ber 1
D.C. al Coda
メイク（ア） クレイム トゥフェイム アークン フ ー！
make(a) claim to fame Ah Kung-Fu !

ジャッキー・チェン
10周年記念超大作
プロジェクトA
JACKIE CHAN
主題歌
ジャッキー・チェン
広東語歌詞付!

プロジェクトA

東方的威風《ドン フォン デッ ワイ フォン》

作詞：黃霑
作曲：黎小田

1.3.ロン ジョイ ダイ デイ ジョイ ムン ジェン ヘイ ゲン
龍 在 大 地 聚 満 正 気 驚
2.トン ドウ ワン ナン ヨン ネイ ユー ンォー ジョン
同 渡 患 難 譲 你 與 我 將
セン ドン フォン ジョイ モン ジョン ワー ナム イー ブッ ファッ ジー ヘイ ダイ
醒 東 方 醉 夢 中 華 男 兒 勃 發 志 氣 大
ヤッ サン ドウ ヒン フォン イェン ホン ナム イー ゴン チョン サイ ガイ ダイ
一 生 都 獻 奉 英 雄 男 兒 共 創 世 界 大
ガー ホイ チョン サウ ジョンアッ ジョッ ガイ ワッ サム ジョンヨン チョッ
家 去 衝 手 中 握 著 計 劃 心 中 湧 出
ガー ホイ チョン セー チョッチン イップ ジョン ライ クイ チョッチン ブン
家 去 衝 寫 出 千 頁 壯 麗 繪 出 千 般
メイ モン ロン ジョッ ハウヨイ サイ イウ ホイヒン ドンフォンデッワイ ー フォン バ
美 夢 龍 族 後 裔 誓 要 去 顯 東 方 的 威 風 不
ーッ ゴイキョン デッ バッ パー ナーフォンボー ホン ー ヨン
懼 強 敵 不 怕 那 風 波 洪 湧
サム ジョンガン ゲイ ロン ジョン ドンフォンデッワイ ー フォン
心 中 緊 記 龍 種 東 方 的 威 風
ドンフォンデッワイ ー フォン ドンフォンデッワイ ー フォン
東 方 的 威 風 東 方 的 威 風

PROJECT A
Words by James Wong
Music by Michael Lai Tin Ying
© by Taiyo Music (HK) Ltd.
Assigned for Japan to Taiyo Music, Inc.
Authorized for sale in Japan only

プロジェクトA2
史上最大の標的
PROJECT A2

プロジェクトA2 史上最大の標的

ジョイ チョン サン ゴウ フォン （ダッポー）
最創新高峰（突破）

作詞：黃霑
作曲：黎小田

パン ジョッ ヨン ガム コワ ー チョッンオー サン ロウ
憑 著 勇 敢 跨 出 我 新 路
ワーイ ジョッ オイ サム セーチョッサ ン ゴー ラン ロウ サ イレッ
懷 著 愛 心 寫 出 新 歌 攔 路 勢 力
ンォーヤッヤ ッ ティウ ジン チン ロウ コワン ナン ンォ ー ギンダッ ドー
我 一 一 挑 戰 前 路 困 難 我 見 得 多
ゴウ シーオン サウ チェン フォンムン ジャウ
高 視 昂 首 清 風 滿 袖
ンォー ドッ ロイ ドッ ウォン バッ ジッ バッ ワッ
我 獨 來 獨 往 不 折 不 屈
サン サ ム ファッ セー チェン チョン フォー
身 心 發 射 青 春 火

PROJECT A2
Words by James Wong
Music by Michael Lai Tin Ying
© by Taiyo Music (HK) Ltd.
Assigned for Japan to Taiyo Music, Inc.
Authorized for sale in Japan only

THE POLICE STORY
オリジナル・サウンドトラック
主題歌 ジャッキーチェン
ポリス・ストーリー
香港国際警察

ポリス・ストーリー 香港国際警察

英雄故事《イエン ホン グー シー》

作詞：黄霑
作曲：黎小田 、馬飼野康二

1.パンジーンォー ンァーン ホン ジ ー ペン チョッ ヤッ サン チ ー
憑 自 我 硬 漢 子 挨 出 一 身 痴
2.パン オウヘイー ジー ンォーセ ー ンォー ヤッ サンデック シ ー
憑 傲 氣 自 我 寫 我 一 生 的 詩
ラウ ホンヒュッ ジョンチェクサム ジョイ チャム ダイ イー イ ー サン メン ー
流 汗 血 盡 赤 心 追 尋 大 意 義 生 命
チェンゴンオイ ロイ ユー チ ー ジャン セン シーイー イ ー サン メン
情 共 愛 涙 與 痴 眞 誠 是 意 義 生 命
ジョッドウ ジュー ラウ ハー リウ イエン ホン グー シー ヤウ ワーン ギンゴワッヘイー
作 賭 注 留 下 了 英 雄 故 事 憂 患 見 骨 氣
クッ チョッホイー ラウ ハー リウ ゲン ヤン ファイ シー イエン ホン ヤウゴワッヘイー
豁 出 去 留 下 了 警 人 快 事 英 雄 有 骨 氣
オン ボウ グー パン チー セン シー！ チョン チン ホイ ー チュンボウ ダッ サッジー ヤウチュンサム ジ
昂 歩 顧 盼 似 醒 獅！ 衝 前 去 全 部 得 失 只 有 寸 心 知
ホン シー サイ ガイ チー セン シー！
雄 視 世 界 似 醒 獅！
ー コワー ボウ ション ー ワンション ンォー イーウ ホイ セ ー メン ジー！
跨 歩 上 雲 上 我 要 去 寫 名 字！
D.C.
ー ワンション ンォー イーウ ホイ フェイ ー ー！ ー ワンション ンォー イーウ ホイ
雲 上 我 要 去 飛！ 雲 上 我 要 去
フェイ！ ー ヤン イウ ジョッ デン ティン ホン ジー！
飛！ 人 要 作 頂 天 漢 字！

ワンス・アポン・ア・タイム

天地大乱

男兒當自強《ナン アル ダン ズー チャン》（北京語版）

作詞：黃霑
作曲：黃霑(改編自古曲"将軍令")

アオ チー ミェン ドイ ワン チョン ラン ルー シュエ
傲 氣 面 對 萬 重 浪 熱 血
6
シャンナー ホン リー ゴワン ダン スー ティエ ダー グー ルー
像 那 紅 日 光 膽 似 鐵 打 骨 似
12
ジン ガン ションジン バイチェンジャン イェンゴワンワン リーチャン
精 鋼 胸 襟 百 千 丈 眼 光 萬 里 長
15
ウォーファーフェン トゥ ー チャン ズォーハオ ハン ー
我 發 奮 圖 強 做 好 漢
19
ズォー ガ ハオ ハン ズー メイ ティエン ヤオ ズー チャン
做 個 好 漢 子 每 天 要 自 強
23
ルー シュエ ナン アル ハン ビー タイ ヤン グン ゴワン
熱 血 男 兒 漢 比 太 陽 更 光

NAN ER DANG ZI QIANG
Traditional
Words by JAMES WONG

©WARNER/CHAPPELL MUSIC HONG KONG LTD
All Rights Reserved.
Print rights for Japan administered by Yamaha Music Entertainment Holdings, Inc.

作品資料

『ライド・オン』
©2023 BEIJING ALIBABA PICTURES CULTURE CO.,LTD., BEIJING HAIRUN PICRURES CO.,LTD.
『ポリス・ストーリー／香港国際警察』
『ポリス・ストーリー2 九龍の眼』
『ポリス・ストーリー3』
『プロジェクトA』
『プロジェクトA2／史上最大の標的』
『プロジェクト・イーグル』
『新ポリス・ストーリー』
『ドラゴンロード』
『ジャッキー・チェンの秘龍拳／少林門』
『レッド・ドラゴン 新・怒りの鉄拳』
『少林寺木人拳』
『ファイナル・ドラゴン』
『成龍拳』
『蛇鶴八拳』

『カンニング・モンキー／天中拳』
『飛龍神拳』
『拳精』
『龍拳』
『クレージー・モンキー／笑拳』
『ヤング・マスター／師弟出馬』
『キャノンボール』
『スパルタンX』
『プロテクター』
『五福星』
『サンダーアーム／龍兄虎弟』
『奇蹟／ミラクル』
『バトルクリーク・ブロー』
『七福星』
『サイクロンZ』
Blu-ray & DVD発売中
発売：ツイン
販売：NBCユニバーサル・エンターテイメント

© 2010 Fortune Star Media Limited. All Rights Reserved.
『ラスト・ソルジャー』
Blu-ray発売中
発売・販売：ツイン
© 2010 JACKIE & JJ PRODUCTIONS LTD. All Rights Reserved
『1911』
Blu-ray発売中
発売・販売：ツイン
© 2011 JACKIE CHAN INTERNATIONAL CINEMA CULTURAL HOLDINGS LIMITED JACKIE & JJ PRODUCTIONS LTD All Rights Reserved
『炎の大捜査線』
Blu-ray発売中
発売・販売：ツイン
© 2003 Golden Sun Films Distribution Limited All Rights Reserved

『ドラゴン特攻隊』
Blu-ray発売中
発売・販売：ツイン
© 2003 Golden Sun Films Distribution Limited All Rights Reserved
『ツイン・ドラゴン』
Blu-ray発売中
発売・販売：ツイン
© 1991 Hong Kong Film Directors' Guild Limited All Rights Reserved
『ザ・フォーリナー／復讐者』
Blu-ray & DVD発売中
発売・販売：松竹
提供：ツイン
©2017 SPARKLE ROLL MEDIA CORPORATION STX FINANCING,LLC WANDA MEDIA CO., LTD. SPARKLE ROLL CULTURE & ENTERTAINMENT DEVELOPMENT LIMITED. ALL RIGHTS RESERVED.

『ポリス・ストーリー／REBORN』
Blu-ray&
DVD発売中
発売・販売：松竹
提供：ツイン
© 2017 HEYI PICTURES CO., LTD., PERFECT VILLAGE ENTERTAINMENT HK LIMITED, DADI CENTURY (BEIJING) CO., LTD., MANGO ENTERTAINMENT, CHEERFUL LAND PICTURES CO., LTD., YOUKU PICTURES (HK) CO., LIMITED ALL RIGHTS RESERVED

『プロジェクトV』
Blu-ray&
DVD発売中
発売・販売：松竹
提供：ツイン
©2020 SHANGHAI LIX ENTERTAINMENT CO.LTD ALLRIGHTS RESRVED

『ドラゴン・ブレイド』
Blu-ray&
DVD発売中
発売・販売：ツイン
© 2015 SPARKLE ROLL MEDIA CORPORATION HUAYI BROTHERS MEDIA CORPORATION. SHANGHA I FILM GROUP CO.,LTD.SHENZHEN TENCENT VIDEO COMMUNICATION LTD.ALL RIGHTS RESERVED.

『女活殺拳』
『レディ・ブレイド』
DVD発売中
発売：ツイン
販売：NBCユニバーサル・エンターテイメント
© 2010 Fortune Star Media Limited. All Rights Reserved.

『大酔侠』
Blu-ray&
DVD発売中
発売：ツイン
販売：NBCユニバーサル・エンターテイメント
© 2004 CELESTIAL PICTURES LTD. All Rights Reserved.

『ドラゴン怒りの鉄拳』
『死亡遊戯』
『男たちの挽歌』
『ワンス・アポン・ア・タイム・イン・チャイナ／天地大乱』
Blu-ray&
DVD発売中
発売：ツイン
販売：NBCユニバーサル・エンターテイメント
© 2010 Fortune Star Media Limited. All Rights Reserved.

『ナイト・オブ・シャドー 魔法拳』
Blu-ray&
DVD発売中
発売・販売：ハーク
©2019 iQiyi Pictures (Beijing) Co. Ltd. Beijing Sparkle Roll Media Corporation Golden Shore Films & Television Studio Co., Ltd. All Rights Reserved.

『レイルロード・タイガー』
©2016 BEIJING SPARKLE ROLL MEDIA CORPORATION SHANGHAI FILM GROUP CO., LTD. BEIJING GOING ZOOM MEDIA CO., LTD. ALL RIGHTS RESERVED.

配信サイト：
YouTube【公式】プレシディオチャンネル、
Amazon Prime Video、
U-NEXT、
Hulu、
Lemino、
ビデオマーケット、
楽天TV

■協力
株式会社ツイン
株式会社ハーク
株式会社プレシディオ

■写真提供
アフロ
Jordan Strauss/Invision/AP/アフロ
Emperor Motion Pictures/AP/アフロ

ジャッキー・チェン 成龍伝説《せいりゅうでんせつ》

ジャッキープロジェクトチーム編《へん》

2024年5月10日
第1刷発行

発行人・編集人・奈良原敦子（株式会社ART NEXT）
発行所 株式会社ART NEXT
〒150-0043
東京都渋谷区道玄坂1-12-1
渋谷マークシティW22階
info@art-next.co.jp

印刷・製本・株式会社シナノ

○落丁本・乱丁本は購入書店名を明記のうえ、株式会社ART NEXT宛にお送りください。送料小社負担にてお取り替えいたします。
○この本についてのお問い合わせは、株式会社ART NEXT宛にお願いいたします。
○本書のコピー、スキャン、デジタル化等の無断複製は、著作権法上での例外を除き禁じられています。本書を代行業者等の第三者に依頼してスキャンやデジタル化することは、たとえ個人や家庭内の利用でも著作権法違反です。
○定価はカバーに表示してあります。
本書で扱った内容には、今日では一部不適切と思われる内容がありますが、当時の時代背景を考慮し、収録しております。

編集・執筆
市来満
デザイン
青木貴子
タウエミキコ
（RANCH.）
楽譜作成
宮原祥子
歌詞監修
森戸照之

ISBN978-4-910825-21-2
©ART NEXT2024
Printed in Japan